학교 폭력에 관한 모든 질문

학교 폭력에
관한 모든
질문

괴롭힘은 무엇이고
어떻게 줄일 수 있을까?

에마뉘엘 피케 지음
장한라 옮김

주니어태학

일러두기

'옮긴이'라고 표시된 것 외의 각주는 저자의 글이다.

책을 내며

　학교에서 벌어지는 괴롭힘, 특히 아이들 사이에서 벌어지는 괴롭힘은 오늘날 학부모와 교육기관뿐 아니라 언론과 정부에서도 점점 더 많이 언급하고 분석하는 주제입니다. 아이들의 행복과 성장은 현대 사회의 관심사에서 큰 비중을 차지하며, 아이들의 사회적 능력과 관계 맺기 능력은 미래를 이루는 핵심적이고 결정적인 요소로 여겨집니다. 이런 능력에 문제가 있거나 제대로 형성되지 못할 때, 비행과 일탈뿐 아니라 심각하게는 자살이라는 인간적인 비극으로 이어질 수 있다는 사실은 충격적입니다.

　프랑스에서는 이 문제에 대한 엄격한 조치가 최근에야 시행되었습니다. 그 결과 2011년 조사에서는 중학생의 6퍼센트가 괴롭힘이라고 해석할 수 있는 피해 경험을 언급했는데,

2년 뒤 이 수치는 그다지 많이 증가하지 않았습니다. 현상에 관한 분석을 살펴보면 학교 내 괴롭힘 문제는 여전히 새로운 주제이며 그 정의를 내리는 것조차 수많은 연구자, 교육부, 아동 전문가들 사이에서도 의견이 정확히 일치하지 않고 있습니다. 하지만 종합적으로 보자면 '어린이나 청소년에게 극단적인 고통을 일으키는 불필요한 관계들의 총체'라고 정의를 내릴 수 있을 것입니다.

이런 상황과 마주쳤을 때의 해결책에 대해서는 아직은 다듬어가는 과정이며 지금으로서는 단기적으로나 중기적으로 효과를 확신하기에는 연구가 불충분한 실정입니다. 특히 장기적인 연구가 부족합니다. 그렇지만 수많은 아이에게 크나큰 영향을 끼치는 이 재앙의 불씨를 줄이는 방법은 분명 많으며 이 방법들은 상호보완적입니다. 특히 두 가지 다른 관점에 따라 해결 방법이 나뉘는데, 비생산적이거나 상황을 더 악화시킬 뿐인 해결책을 택하지 않으려면 두 방법을 혼동하지 않는 것이 중요합니다.

사전에는, 그러니까 괴롭힘이 일어날 가능성이 있지만 확인되지 않았을 때는 예방이 적절한 방식입니다. 예방법을 활용하면 아이들이 이 문제에 관심을 두고 주의할 수 있습니다. 이로써 아이들은 혹시나 부딪힐지 모르는 고통을 더욱 예리하게 의식하고 상황이 닥쳤을 때 제지할 수도 있을 것입니다.

10여 년 전부터 교육부 장관들은 주로 이 방법을 채택했습니다. 예를 들면 전국적인 조사나 '괴롭힘 반대의 날', 이 주제를 다룬 각 기관의 포스터와 동영상 경연대회 등을 기획하면서 말입니다.

위기가 발생했을 때는, 그러니까 괴롭힘이 실제로 벌어지고 있고 최대한 빠르고 확실하게 괴롭힘을 중단시켜야 할 때는 이렇습니다. 이때는 더 이상 예방책이 설 자리가 없습니다. 너무 늦었습니다. 이때는 다음과 같은 사실을 바탕으로 구체적인 해결 방법을 활용해야 합니다. 프랑스의 다양한 학교 폭력 전문가들이 많이 공유하고 있는 점은 바로 처벌이 (특히 중학교에서는) 효과가 없으며 상황을 더욱 악화시킨다는 것입니다. 이와 같은 사실을 바탕으로 저는 학교 내 괴롭힘 문제에 대한 개입 방식 모델을 세웠습니다. 이 모델은 팰러앨토 학파의 기조에 엄격하게 바탕을 두고 있습니다.°

팰러앨토 학파 실천가의 임상 경험에서 나온 이 책은(저는 10년 동안 샤그랭 스콜레르 센터°°에서 팰러앨토 학파와 함께 일해왔습니다) 기본적으로 두 번째 단계에 자리를 잡고 있습니다. 여러분이 부모로서 또는 아동 전문가로서 이 주제에 관해 던지는 수많은 질문에도 답을 하고 있지만, 여러분에게 생각의 실마리와 행동 수단을 제공하며 또래 사이에서 일어날 수 있는 잠재적인 문제들을 여러분과 함께 해결하는 것도 이 책의 목표입니다. 고통받는 아이들이 의지하는 상황 앞에서 상당히 많은 성인이 무력한 감정을 느끼기 때문입니다.

10년 전에 제가 샤그랭 스콜레르 센터를 만든 까닭은 저를 찾아오는 어린이와 청소년들이 많았기 때문입니다. 아이들에게 "학교에서 어떻게 지내니?"라고 물어보면 다양한 증상(경련, 말 더듬기, 유뇨증,••• 불안증, 등교 거부, 학업 중단, 분노 발작)과

● 팰러앨토 학파는 캘리포니아에 있는 도시인 팰러앨토의 이름을 따서 1950년대에 형성된 사조. 심리학과 사회심리학, 언론정보학과 더불어 사이버네틱스와 체계 이론의 개념들을 바탕으로 삼고 있다. 체계적이고 전략적으로 접근하는 가족요법과 해결책 중심 치료의 기원이 되었다. 미국의 문화인류학자 그레고리 베이트슨(Gregory Bateson)이 주축이 되어 설립했다(옮긴이).
팰러앨토 학파에서 발행한 간략하고 전략적인 요법(도널드 D. 잭슨, 리처드 피시, 조르죠 나르도네, 카린 슐랭어, 파울 바츨라비크, 존 위클랜드)의 두 가지 기본적인 전제는 바로 문제를 해결하고자 개입한 사람이 오히려 문제를 악화시키는 경우가 많다는 사실을 고려해야 한다는 것이다. 우리는 이를 '해결 미수'라고 부를 텐데, 영문 용어 'the attempted solutions'를 번역한 것이다. 문제에 더욱 불을 지피지 않으려면 이런 해결 미수를 멈춰야 한다. '구분발생(schismogenèse)'이라는 그레고리 베이트슨의 개념과 해결 미수의 이론적 연구와 임상적 경험에 따르면, 해결 미수를 중단할 때 괴롭힘을 당하는 아이가 관계에 대한 통제력의 일부를 신속하게 회복해나갈 수 있다(저자).

●● 샤그랭 스콜레르 센터는 2008년 에마뉘엘 피케가 설립한 전문가 단체로, 팰러앨토 학파의 원칙을 바탕으로 유치원과 학교에서 벌어지는 고통을 경감하는 것을 활동 목적으로 삼는다. 참고 사이트: https://chagrin-scolaire.fr.

●●● 유뇨증('침대에 오줌 싸기'라고도 한다)은 자신의 의지와 상관없이 반복적으로 오줌을 싸는 것을 의미한다. 대개는 밤에 일어나지만 낮에도 일어날 수 있다.

함께 이렇게 대답하는 아이들이 정말 많았습니다. "아주 별로예요." 팰러앨토 학파에서 간결하고 전략적인 요법으로 학위를 받은 저는 앞서 언급한 기조를 바탕으로, 괴롭힘에 맞설 방법을 모델로 만들기로 마음먹었습니다. 이 모델은 2012년과 2013년에 진행했던 테드X 콘퍼런스에서 종합적으로 발표했습니다.

요즘 우리 팀과 저는 1년에 500명의 어린이와 청소년을 상담하며, 부르고뉴 대학교와 협력해서 학교와 학교 바깥에서 고통을 완화하는 일과 관련된 최초의 대학 학위 과정을 팰러앨토 학파의 지원으로 이끌고 있습니다. 우리는 문제의 발견과 이해(바탕이 되는 상호작용의 이해) 그리고 소멸에 이르기까지 즉각적이고 실용적인 해결책을 찾고자 하는 학교 상담사, 보건 교사, 교장, 교원, 교육자, 심리 상담사들에게 필요한 것들을 제공합니다.

이 책은 이와 같은 임상적인 자료에 바탕을 두고 제대로 해결되지 않았거나 심지어 상황이 더 나빠진 경우, 취약한 상황에 놓인 아이들의 자율성을 강화함으로써 효율적이고 지속 가능한 해결책이 될 수 있는 경우에 관한 구체적인 사례들을(환자들의 익명성을 존중하고자 상황을 모두 있는 그대로 밝히지는 않았습니다) 여러분과 나눕니다.

아이가 배척당하거나, 놀림을 당하거나, 맞거나, 갈취를 당할 때면 이런 일을 멈출 수 있게 뭐라도 해야 한다는 긴급함을 느끼는 게 당연합니다. 하지만 실제로 성인이 직접 개입하면 사태를 악화시키는 경우가 많습니다. (전) 사춘기 단계에 있는 아이들의 코드는 우리와 다르고, 우리가 하는 분석은 아이들이 인기에 집착한다는 사실을 충분히 고려하지 않기 때문입니다.

여러 구체적인 상황과 조건을 간과하면 우리가 보호하고자 하는 아이를 더 취약한 상황에 내몰 위험이 있습니다. 의도한 것은 아니지만 우리의 행동으로 아이는 피해자라는 위치가 더 강화되는 셈입니다. 이는 대부분의 괴롭힘 역학이 지닌 원리입니다. 하지만 바로 이런 인기 증후군을 바탕으로 삼아 관계적인 전략을 다듬어가면서 아이와 함께 이 잔인한 악순환을 끝내는 쪽으로 나아갈 수도 있습니다.

이런 방법들을 바로 여러분, 그러니까 막막한 부모들에게 소개하는 것이 이 책의 첫 번째 목표입니다. 방법 중에서 일부는 학교 또는 학교 바깥에서 벌어지는 괴롭힘 상황에 관해 2016년에 부르고뉴와 론-알프스 지역 샤그랭 스콜레르 센터의 실무자들에게 상담받은 학생들의 표본을 바탕으로 삼고 있습니다.

이 표본은 서로 다른 몇 가지 부분으로 나뉩니다. 먼저, 과정과 구체적인 상호작용에 참여하는 관계자들을 보여줍니다.

그런 다음, 예방이 가능한 상황이라면 예방을 위한 해결책을 적용합니다. 이때 실수하지 않도록 하며 부모, 아동 전문가 그리고 아이를 중심에 두고 나아갑니다. 마지막으로, 초등학교나 중학교 또는 고등학교에서 벌어지는 괴롭힘에 관한 모든 정보를 담은 사례들을 마련합니다. 오프라인 관계에서 일어나는 것이든, 디지털상에서 일어나는 것이든 간에 말입니다.

이 일을 처음 시작했을 때부터 지금까지 제 결심은 확고합니다. 서로를 존중할 줄 아는 능력이 괴롭힘을 끝내는 중요한 수단이라고 생각합니다. 학교에서도, 다른 곳에서도 말입니다.

차례

괴롭힘이란 무엇인가

학교 폭력의 시작과 끝

부모가 하지 말아야 할 것들

폭력을 멈출 방법이 있을까?

괴롭힘에 스스로 맞서는 아이들

교사와 학교의 역할

SNS 폭력에 대처하는 법

괴롭힘이란
무엇인가

학교 내 괴롭힘의
일반적인 정의는 무엇인가요?

라루스 사전Grand Larousse Encyclopedique*에서는 괴롭힘을 이렇게 정의합니다. "괴롭히는 행동은 끊임없이 자잘한 공격으로 누군가를 복종시키는 것이다."

학교에서 일어나는 괴롭힘의 특징이 무엇인지 생각해보면 이 괴롭힘의 정의 중에 법적 시행과 관련된 부분은 당사자의 연령 그리고 괴롭힘이 벌어지는 영역입니다. 즉 이 '끊임없이 자잘한 공격'은 교내, 등하굣길, 소셜 네트워크(그렇지만 가해자는 넓은 의미에서 봤을 때 괴롭힘을 당하는 아이와 같은 학교 권역 안에 들어 있습니다), 교실, 복도, 수업 시간 전후, 학교 근방 등에서 일어날 것이라고 볼 수 있습니다.

● 프랑스 라루스 출판사에서 간행한 프랑스의 대표적인 백과사전(옮긴이).

교육부 담당자가 전달해준 제도적 정의는 다음과 같습니다. 아이가 반복적으로 모욕을 당하거나, 위협을 받거나, 맞거나, 떠밀리거나, 모욕적인 메시지를 받으면 이를 괴롭힘이라고 합니다.

학교에서 일어나는 괴롭힘의 세 가지 특징은 다음과 같습니다.

- 폭력: 한 학생 또는 여러 학생과, 한 피해자 또는 여러 피해자 사이의 권력과 지배 관계입니다.
- 반복성: 장기간 주기적으로 반복되는 공격과 관련 있습니다.
- 피해자의 고립: 피해자는 고립되거나, 덩치가 더 작거나, 신체적으로 약하거나, 자신을 방어할 수 없는 상태에 놓인 경우가 많습니다.

괴롭힘은 차이를 부정하는 일, 일부 구체적인 특징에 낙인을 찍는 일과 결부됩니다. 바로 아래와 같은 특징들입니다.

- 외모(몸무게, 키, 피부색, 머리카락)
- 성별, 젠더 정체성(너무 여자 같다고 여겨지는 남자아이, 너무 남자 같다고 여겨지는 여자아이, 성차별), 실제 또는 추정된 성적 지향
- 장애(신체적, 심리적 또는 정신적 장애)

- 말에 영향을 끼치는 의사소통 문제(말 더듬기, 알아듣기 어려운 말투)
- 특정한 사회적 또는 문화적 집단 소속
- 다른 관심사[1]

위 정의는 무엇보다도 괴롭힘을 당하는 아이와 그 아이의 특징에 바탕을 둔 정의입니다. 이런 정의는 괴롭힘이 일부 특정한 아이들만을 겨냥할 수밖에 없다는 사실을 알려줍니다. 바로 다른 아이들과 '차이'가 있는 아이들 말입니다.

학교 내 괴롭힘을 정의하는
다른 방식도 있을까요?

학교 내 괴롭힘 문제를 팰러앨토 학파의 원칙[2]에 따라 상담하고, 당사자의 정신적 문제를 해결하기보다는 관계를 개선하는 데 힘을 쏟는 사람들이 있습니다. 이들은 학교 내 괴롭힘을 조금 다르게 정의합니다. '한쪽에는 한 아이 또는 한 무리의 아이들이 있고, 다른 쪽에 다른 아이가 있을 때 그 사이에서 일어나는 상보적 고조escalade complémentaire'라고 말이지요. 전자는 이 관계에서 점점 더 많은 권력을 쥐게 되고, 후자는 권력을 점점 더 적게 쥐면서 상보적 고조가 일어납니다. 그리고 이는 결국 심리적 여파를 불러일으킵니다.[3]

이런 상보적 고조는 피해자의 차이점이나 가시적인 특징을 근거로 삼지 않습니다. 피해자들의 상당수가 그와 같은 특성을 전혀 드러내지 않기 때문입니다. 그보다는 괴롭히는 한 학생 또는 여러 학생이 추측하고 이후에는 확신하는 취약성을 바탕으로 이뤄집니다. 실제로 피해자 아이는 한 번, 두 번, 그다음 10여 번쯤 공격당한 뒤에는 전혀 방어하지 못하거나 효율적으로 방어하지 못하게 됩니다. 그러면 이런 모습을 본 가해자(들)는 힘을 얻어 상보적 고조를 계속 왕성하게 이어가는 것입니다. 따라서 많은 경우 심각한 악순환으로 이어지며, 어떤 아이에게든 일어날 수 있습니다. 그 아이가 다르건 아니건, "낙인찍힐 만하건" 아니건 간에 말입니다.

이런 함의에는 앞서 사전적 정의에 나오는 것처럼 '자잘한' 공격이라는 의미도 담겨 있지 않은데, 괴롭힘을 당하는 아이의 시각에서 보면 결코 자잘한 공격이 아니기 때문입니다. 종합적으로 보면 실제로 매우 강력하고 깊은 상처를 입히는 공격입니다. 성인의 눈에는 가볍고 심지어 우스운 공격처럼 보이는 경우일지라도 말입니다. '자잘하다'라는 표현은 이런 고통을 축소하고 실제 상황에서 괴롭힘의 정의를 왜곡할 위험이 있습니다.

팰러앨토 학파의 실천가들에 따르면, 가장 온전한 정의를 제시한 사람은 영국 연구자들이 자주 인용하는 심리학자 단

● '상보적 고조(또는 상보적 구분발생)와 대칭적 고조(또는 대칭적 구분발생)'라는 개념은 그레고리 베이트슨이 이론화했다. 그레고리 베이트슨, 《마음의 생태학》, 박대식 옮김, 책세상, 2006.

올베우스Dan Olweus입니다. "한 아이에게 곧잘 싸움을 붙이고, 그 아이에게 다른 아이나 아이들 무리가 나쁘거나 불쾌한 얘기를 하며, 발길질하거나, 위협하거나, 어딘가에 가두거나, 악의적인 편지나 메시지를 보내거나, 아무도 말을 걸지 않는 상황을 가리킨다. 이런 일이 자주 일어나고, 아이가 자신을 방어하기 어려운 상황이다."

괴롭힘인지 확인하려면
어떤 질문을 던져야 할까요?

가장 먼저 해야 할 질문은 상황이 지속된 기간에 관한 것입니다. 단발적인 어려움인지, 아니면 만성적인 문제인지 확인하기 위해서입니다. 만성적인 문제일 경우 괴롭힘의 분류 가운데 두 번째에 해당합니다.

"언제부터 학교에서 힘든 일이 있었니?"

이렇게 질문했을 때 괴롭힘이 1년 넘게 이어졌다면, 아이가 학년이 바뀌었을 때 상황이 달라졌는지를 확인하는 것이 중요합니다. 만약 괴롭힘이 이어졌다면 맥락이 바뀌더라도 괴롭힘이 지속되었다는 신호입니다. 더욱 확실한 경우는, 아이가 학교를 바꿨을 경우라면 또래와의 상호작용이 어려워졌고, 상황을 진정시킬 수도 있었을 변화가 오히려 아이의 취약성을 강화했기 때문에 괴롭힘이 벌어지는 것입니다.

그다음에는 아이나 주변 사람들이 누구에게 조치했는지, 제대로 행동하지 않거나 심지어는 상황을 악화시킨 사람이 누구인지 물어봐야 합니다. 몇 가지 시도는 효과가 없었던 것으로 밝혀질 수 있는데, 복잡하고 심각한 상황 앞에서는 그렇게 되곤 합니다. 상식적인 해결책으로는 멈출 수 없는 일이 벌어지는 겁니다. 이 질문을 했을 때 실제로 어떤 조치가 효과가 없었다는 사실을 알면 더는 잘못된 방향으로 나아가지 않을 수 있습니다.

또한 학교 밖에서 관계가 어떤 식으로 전개되는지 질문을 던지는 것도 중요합니다. 이런 질문은 고통의 강도를 알려주고 학생의 취약함을 파악할 수 있게 해줍니다. 예를 들어 "일반적으로 봤을 때, 너는 또래 아이들하고 관계를 맺는 게 어렵다고 느끼니?"라는 질문은 아이가 사회적 능력이 있는지 파악할 수 있게 해줍니다. 이 질문에도 그렇다고 답한다면 우리가 마주한 상황이 괴롭힘이 맞다는 결론에 힘이 실립니다.

마지막으로, 이 상황이 일으킨 결과에 관해 질문하는 것입니다. 형제자매나 가족들 사이에 새롭게 생겨난 갈등, 불안증, 부적절한 상황에서 일어나는 분노 발작, 성적 저하, 불면증 등은 문제가 만성적이라는 사실을 보여주는 신호들입니다. 이 모든 질문에 그렇다고 답한다면 아이가 학교 폭력의 피해자라는 사실이 명확히 드러납니다.

아이가 혼자 다니는 경우도
괴롭힘이라고 할 수 있을까요?

이 질문의 답은 우리가 어떤 정의를 바탕으로 삼는가에 달려 있습니다. 교육부의 정의를 기준으로 삼는다면[4] 고립, 외로움, 따돌림(설령 이런 용어를 적용할 만한 명시적인 행동이 없다 할지라도)은 괴롭힘에 포함되지 않습니다. 공식적인 정의에 따르면 "반복적으로 모욕을 당하거나, 위협을 받거나, 맞거나, 떠밀리거나, 모욕적인 메시지를 받"아야 합니다. 그렇지만 "아무도 그 아이에게 말을 걸지 않는 상황" 역시 학교에서 일어나는 괴롭힘이라고 규정한 단 올베우스의 정의를 바탕으로 삼는다면 고립도 괴롭힘의 일부로 볼 수 있습니다.[5]

이는 아주 중요한 점으로, 현실적으로 한 아이가 곧바로 취약한 상태가 되거나 우리가 피하려는 상황을 부추기지 않으면서 반 전체 또는 학교 전체, 팀 전체가 한 아이와 함께 놀도록 강요할 수 없기 때문입니다. 우리가 피하고자 하는 것은 바로 상보적인 고립입니다.

언젠가 저는 한 엄마에게서 여덟 살짜리 딸 릴루가 반에서 제일 인기 있는 아이인 마리의 생일 파티 초대장을 보여주었을 때 정말 놀랐다는 얘기를 들은 적이 있습니다. "지금까지도 저는 마리가 릴루에게 말을 건 적이 있을 거라고 생각하지 않아요. 릴루는 정말로 혼자 다니고, 친구가 하나도 없고, 선생님도 저도 정말 걱정하고 있거든요."

생일날 릴루와 엄마 두 사람이 마리네 집 계단 앞에 서자, 문이 열리고 마리와 마리의 엄마 그리고 초대받은 아이들 너덧 명이 보였습니다. 마리가 곧바로 소리를 질렀습니다. "아니, 내가 너 초대하지도 않았잖아!" 사실을 따져보니, 파티에 너무 가고 싶었던 나머지 릴루가 가짜 초대장을 만들었던 것입니다. 마리의 엄마는 무척 당혹스러워하며 그 자리에서 릴루를 파티에 초대했습니다.

릴루의 엄마는 그렇게 초대받는 게 좋지는 않다고 느꼈지만, 딸이 간청하는 것을 거부할 수도 없었습니다. 더욱 애처로웠던(그리고 걱정스러웠던) 점은 릴루도, 엄마도 이날 초대받은 아이들과 아무런 교류가 없었다는 사실입니다. 릴루는 두말할 것 없이 최악의 하루를 보냈고, 릴루의 엄마는 한 시간 뒤 눈물을 흘리며 릴루를 데리러 갔습니다.

명시적으로 일어나는 것이든, 단순히 암묵적으로 벌어지는 것이든(아무도 아이에게 관심이 없는 상황) 고립과 따돌림은 어마어마한 고통을 만들어냅니다. 우리가 보기에 이 문제는 다른 괴롭힘 상황과 똑같이 긴급한 문제로 다뤄야 하는 상황입니다.

괴롭힘에 해당되지 않는
학생들 사이의 문제로는 무엇이 있을까요?

정신적 트라우마 분야의 전문가인 심리학자 엘렌 로마노 Hélène Romano는 이렇게 쓰고 있습니다. "개인이나 동료 또는 세대 사이에 갈등이 있다면 그리고 이 갈등이 삶의 일부라면 이는 폭력과는 구별된다. 한쪽이 다른 한쪽을 부정하지 않기 때문이다."[6]

팰러앨토 학파의 실천가들은 이 주장에 어느 정도 동의합니다. 괴롭힘과 별개로 폭력과 고통이 생겨날 수 있다고 생각하기는 하지만 말입니다. 이들은 '대칭적 고조escalade symetrique'는 '상보적 고조'와는 다르다고 이야기합니다. 이런 싸움이 무리 사이에서 벌어질 수도 있고, 무리의 우두머리들 사이에서 벌어질 수도 있으며, 당사자들은 우월한 위치를 지키려고 합니다. 때로는 이기기도 하고, 때로는 지기도 하지만

싸움에 동등하게 참여합니다. 상대방이 점점 더 약해지는 것을 기반으로 힘을 키워나가지는 않습니다.[7]

이런 유형의 갈등을 완벽하게 그려내고 있는 영화로 〈단추전쟁La Guerre des boutons〉을 꼽아볼 수 있습니다.[8] 영화 속에서 아이들은 폭력을 행사하고 (싸움에서 질 때면) 산발적으로 고통을 받기도 합니다. 그렇지만 괴롭힘은 아닙니다. 학교에서 인기 있는 아이가 친구를 바꿔가며 특별히 대하거나 괴롭힌다면 당하는 아이들은 고통스럽고 슬플 수 있습니다. 그렇지만 통제나 보상이 한 사람에게만 반복적으로 주어지는 게 아니라 여러 사람에게 돌아간다면 이를 괴롭힘이라고 할 수는 없습니다.

학교에서 아이들이 겪을 수 있는
또 다른 고통은 무엇이 있을까요?

대칭적 고조 외에도, 친구 관계로 괴로워하는 것 역시도 학교에서 큰 고통을 겪고 있다는 뜻일 수 있습니다. 이는 고립을 불러일으킨다는 점에서 구조가 비슷하지만, 두 개인 사이의 상호작용에 초점이 맞춰져 있다는 점이 다릅니다.

예를 들면 내 친구였던 아이가 다른 아이의 친구가 되면서 나와는 더 거리를 두고 예전과는 달리 나와 주고받는 것들이 줄어듭니다. 그나마 나은 경우라면 나를 무관심하게 대하는 정도에서 그치지만, 최악의 상황은 나를 피하거나 냉정하게 대하는 것입니다. 이는 괴롭힘이 아니라 상실이자 단념에 해당합니다. 팰러앨토 학파의 실천가들은 이를 실연의 아픔과 비슷하게 다루며 괴롭힘 상황으로 취급하지는 않습니다.

이런 괴로움은 아주 이른 시기부터, 예를 들면 유치원 때부터 생겨날 수 있습니다. 아이는 관계를 회복하거나 다시 상대방의 제일 친한 친구가 되려면 어떻게 행동해야 할지 모릅니다. 그래서 친구였던 아이에게 "달라붙어" 그 아이의 적대적인 무관심을 더 유발할 수도 있고, 친구였던 아이를 언어적으로나 물리적으로 괴롭히며 자신이 바라는 것과 정반대의 상황을 불러일으킬 수도 있습니다. 어떤 경우에는 어른들이 전혀 이유를 모르는 상태에서 아이가 갑작스럽게 분노 발작을 일으킬 수도 있습니다.

여섯 살짜리 어린 남자아이인 빅토르가 우리를 찾아온 적이 있습니다. 몇 주 전부터 겉으로 보기에는 뾰족한 이유 없이 반에 있는 남자아이들 여덟 명을 돌아가며 때린다면서 엄마가 우리에게 데려온 것입니다. 가장 친한 친구인 나탄은 빼고 때렸다고 합니다.

질문을 해보고 난 뒤, 우리는 빅토르의 이런 분노 표현이 선생님이 유급 소식을 전했을 때부터 생겨났다는 사실을 알게 되었습니다. 더 이상 나탄과 같은 교실에서 지낼 수 없다는 사실을 곧바로 알아차린 빅토르는 가장 친한 친구와 나중에 친구가 될 수 있는 아이들, 여덟 살이 되어서 같이 놀 수도 있는 친구들을 홧김에 때렸던 것입니다. 빅토르가 화를 냈던 이유가 명확하게 밝혀지자, 우리는 빅토르와 함께 이 슬프고 고통스러운 낙담에 대처할 수 있었습니다.

왜 몇 년 전부터 학교 내 괴롭힘 얘기가 많아진 걸까요?

학교 폭력이 새로운 현상은 아닌지라 오히려 지금 시사성을 띠는 것은 학교 폭력이 불러일으키는 관심과 염려입니다. 학교에서 일어나는 괴롭힘은 실제로 어린이 또는 청소년에게 고통을 불러일으키며, 부모들은 이런 고통을 점점 더 면밀하게 살피고 있습니다. 그 결과 이제는 교육계 전반에서 이 문제를 살피게 되었습니다.

불과 10여 년 전만 해도 학교에서 일어나는 괴롭힘을 '애들 같은 행동'이라 여기곤 했습니다. 아무런 이유 없이 아이들 사이에서 벌어지는 다툼을 말할 때 '학교에서 벌이는 싸움판'이라고 경멸적으로 표현했던 것도 이런 사실을 증명합니다. 하지만 이제는 상황이 달라졌습니다. 오늘날에는 이런 상황이 벌어지면 부모들이 크게 염려할 뿐만 아니라 심각한 사안으로 여깁니다. 학교장, 학교 관계자, 선생님들도 마찬가지입니다.

이런 염려 덕분에 학교에서 일어나는 폭력과 아이들이 겪는 고통이 실제보다 축소되거나 대수롭지 않게 여겨지는 일은 줄어들었습니다. 하지만 이런 염려를 불러일으킨 바로 그 대상에 대해 역설적인 효과가 발생합니다. 자신의 아이가 괴롭힘 피해자가 될지도 모른다는 생각에 부모들이 계속해서 걱정하는 한은 말입니다.

요즘 부모들은 아이가 또래와 주고받는 상호작용을 이전 세대 부모들보다 훨씬 많이 살펴봅니다. 그래서 의도한 바는 아니지만, 아이들이 서로 좋아하고 어울리는 능력을 염려할 수도 있습니다. 하지만 아이는 이런 능력을 의심받으면 다른 아이들과의 관계에서 자신에 대한 믿음을 형성하고 쌓아가기 어렵습니다. 그리고 이런 취약성을 몇몇 가해자 아동이 재빠르게 눈치채고 괴롭히는 것입니다.

내가 과연 사회적으로 매력적인지 걱정하는 바로 그 순간부터, 나는 훨씬 덜 매력적인 사람이 됩니다. 이런 우려는 곧 나의 아킬레스건이 되며 누구든지 이를 활용해서 자신의 권력과 인기를 폭력적으로 키울 수 있습니다.

괴롭힘이 벌어지고 있다는 사실을 확인한 부모들은 사태에 개입해서 자기 아이의 고통을 없애려고 합니다. 하지만 바로 이런 행동이 '상보적 고조'를 고착화하면서 상황을 악화시키는 위험을 불러일으키곤 합니다. 물론 의도치 않게 말입니다. 부모들은 괴롭힘을 당하는 아이를 구해내고자 달려들면서, 아이가 자신을 방어할 수 없어 취약하다는 걸 아이와 가해자 모두에게 넌지시 전달하고 맙니다. 그렇기 때문에 피해자를 콕 집어 선택한 괴롭힘 가해자들에게 맞서는 것은 위험합니다.

오늘날 부모들의 이런 우려 때문에 이 현상이, 더 정확히 얘기하자면 이 현상에 대한 분석과 대처가 우리 사회에서 양적으로 점점 더 많은 자리를 차지하는 결과를 낳았습니다. 프랑스 최초의 피해 조사는 불과 10년쯤 전에 실시되었기에,* 2011년 이전에 발생한 수많은 괴롭힘 사건의 변화를 믿을 만한 방법으로 분석할 길은 없습니다.

● '여기서 '피해 조사'란 피해자인 아동들에게 직접 질문한 것을 말한다.

괴롭힘은 몇 살 때부터
시작되나요?

유아원이나 탁아소에서 일하는 사람들은 두세 살짜리 아이들 사이에서 벌어지는 몇몇 '상보적 고조'*의 순간들을 목격하곤 합니다. 이를테면 물어뜯는 현상처럼 말입니다. 사실 아이가 또래를 계속해서 물어뜯는 일은 심심찮게 눈에 띕니다. 그리고 물어뜯기는 아이가 반발하지 않거나 유아원 선생님이 등을 돌리면 물어뜯는 아이는 계속 물어뜯습니다. 꾸중하거나 다른 벌을 주더라도 굴하지 않지요.

마찬가지로, 공원이나 유치원에서 벌어지는 일을 주의 깊게 지켜보면 어떤 아이들은 계속해서 장난감이나 미끄럼틀 자리를 빼앗깁니다. 울거나 어른에게 도와달라고 부탁하는

● 괴롭힘의 구조에 해당하는 경우다.

것 말고는 다른 방어 전략 없이 말입니다. 그 상황에서 다른 아이들은(분명 희생자의 애처로운 반응에 자극을 받았을 것입니다) 자신이 힘이 있고, 또 별로 애를 쓰지 않아도 원하는 것을 손에 넣을 수 있다고 생각합니다.

어느 유아원에서 한 반을 감독했던 일이 떠오릅니다. 이 반 선생님과 아이들은 세 살 반짜리 어린아이인 살로메 때문에 진이 다 빠져 있었습니다. 살로메는 역시 세 살 반짜리 어린아이인 가브리엘의 볼을 깨물고 싶은 강력한 욕망을 다스리지 못했습니다. 물론 가브리엘의 볼이 탄탄하고, 불그스름하고, 토실토실했다는 점을 인정하기는 해야겠지만 말입니다.

상황을 살펴보니, 살로메는 가브리엘이 자주 앉는 안락의자에서 그리 멀지 않은 곳에 자리를 잡고, 잔소리하는 어른에게 방해를 받지 않고 공격할 수 있을지 확인하고자 주변을 샅샅이 살폈습니다. 그런 다음에는 목표물인 가브리엘을 똑바로 쳐다보며 분석했습니다. 가브리엘은 살로메가 자신을 쳐다보자 미약한 신음 소리를 냈습니다. 어떤 일이 벌어질지 알고 있었기 때문이었습니다. 하지만 그 신음 소리야말로 살로메가 공격을 시작하는 신호였습니다.

선생님이 설명하는 전략이나("깨물면 나빠, 살로메") 훈육하는 전략은(아이를 구석으로 보내고 간식을 주지 않는 것) 딱하게도 실패하고 말았습니다. 우리는 습관적으로 내는 별 효과 없는 신음 소리 대신 아주 큰 소리를 외치도록 가브리엘을 훈련시키기로 했습니다. 그리고 이렇게 힘든 상황에서는 유치원 선생님들이 보좌하기로 했습니다. 평소 가브리엘을 깨물던 때와 달리 갑자기 큰 스트레스를 받은 살로메는 깨무는 행동을 멈추게 되었습니다.

따라서 상보적 고조는 아이들 사이에서 아주 이른 시기부터 생겨난다고 얘기할 수 있을 것입니다. 그리고 이 아이들이 초등학교, 중학교로 올라가면 훨씬 더 저지하기 어려운 현상을 만들어낸다고 정리할 수 있습니다.

학교 폭력과 관련된
통계 수치는 어떤가요?

가장 경계를 덜해도 괜찮은 수치는 교육부에서 2011년과 2013년에 실시한 피해 조사 결과입니다.[9]

"이 조사의 목표는 학생들을 피해자로 만드는 행동에 관한 통계적 지표를 제공하는 것이다. 학교 기관이나 경찰 당국 또는 사법 당국의 신고 대상이 되었건 아니건 간에 말이다. […] 학생들에 대한 설문지는 종이 형태로 제공되었으며 다섯 가지 주요한 주제를 중심으로 구성되었다. 학교 분위기, 행동(욕설, 협박, 싸움), 성적인 폭력, 절도, 위험한 놀이. 각각의 사실이 확인되면 그 빈도, 장소, 당사자들의 특징을 물었다(다른 학생, 선생님, 다른 성인). 수업 시간을 너무 오래 방해하지 않도록 설문지 분량을 줄였으며(15쪽) 작성 시간은 45분으로 제한했다. […] 설문지는 모두 무기명으로 작성했다. […] 조사 시 학생들의 익명성을 존중하고자 특정한 수집 방식을 적용했다. 이동 보안팀이 조사원 역할을 맡았으며 각 학교의 어떤 관계자도 작성을 돕지 못하도록, 어떤 학생도 다른 학생들 때문에 대답하는 데 불편하지 않도록 감시하는 임무를 수행했다. 조사는 전국적인 수준에서 대표성을 띤(프랑스 국내와 해외 영토) 공립 중학교와 사립 중학교 360곳으로 이뤄진 표본을 대상으로 시행했다. 각 학교에서는 무작위로 학생 50명을, 학년에 따라 15명을 선별했으며 대표 표본은 학생 2만 1,600명이었다. 2013년 조사에 대한 학생들의 응답률은 77퍼센트로 증가했다."

2011년 학생들의 18.9퍼센트가 다음 네 가지 폭력적 상황 가운데 하나를 겪었다고 밝혔습니다. 모욕(52퍼센트), 학교 준비물 절도(46퍼센트), 악의적인 별명 붙이기(39퍼센트), 의도적으로 밀치기(36퍼센트). 심각한 물리적 폭력 상황 네 가지 가운데 한 가지를 겪은 학생들은 19.1퍼센트였습니다. 5퍼센트는 두 가지 폭력 상황을 겪었다고 답했습니다. 전반적으로 괴롭힘이라고 할 수 있는 여러 피해를 당한 학생들은 6퍼센트였습니다. 이와 같은 '다중 피해'는 3학년보다 6학년 학생들 사이에서 더 빈번하게 일어났습니다.

프랑스에서 학교 폭력과 관련된 수치는 어떻게 변화하고 있나요?

2013년 봄, 피해 조사가 갱신되었습니다.[10] 괴롭힘에 해당한다고 볼 수 있는 피해 경험을 밝힌 중학생들의 비율은 꾸준히 증가해 6퍼센트에서 7퍼센트로 늘었습니다. 이런 변화는 일정 부분은 다중 피해를 밝힌 여자아이들의 수가 증가했으며 에클레르Éclair* 프로그램에 참여하는 학생들의 수가 증가했기 때문으로 보입니다. 이런 다중 피해는 남자아이들과 관련이 있는 경우가 더 많으며(남자아이들의 3분의 1이 피해자라고 밝힌 반면, 여자아이들은 23퍼센트였습니다), 6학년 학생들에게서 가장 빈번하게 나타납니다. 이는 주로 정신적 폭력이 증가했

● 2011년 1학기부터 '야심, 혁신, 성공을 위한 초등학교, 중학교, 고등학교 (Écoles, collèges, lycées pour l'ambition, l'innovation, et la réussite)' 프로그램이 '기회의 평등을 위한 교육부 정책의 중심'이 되었다. 2013년에 이 프로그램에 참여하는 학교의 수는 2,000개를 조금 넘는 정도였다.

기 때문인데 물리적 폭력은 증가하지 않았습니다.

2013년 봄에 실시한 조사에서 가장 자주 언급된 폭력 네 가지는 모욕(57퍼센트), 학교 준비물 절도(47퍼센트), 악의적인 별명 붙이기(39퍼센트), 따돌림(37퍼센트)이었습니다. 2년 전과 분류 방식은 동일했으며 따돌림이라고 답한 비율이 제법 눈에 띄게 증가했습니다(전체 32퍼센트에서 37퍼센트로 증가했고, 여자아이들의 경우 36퍼센트에서 42퍼센트로 증가했습니다). 앞서 언급했듯이 이렇게 해로운 방식의 괴롭힘은 괴롭힘을 당하는 아이에게 큰 고통을 주는 경우가 많습니다.[11]

조사에 따르면 여전히 남자아이들이 물리적 폭력의 피해자가 되는 경우가 훨씬 많았습니다. 반복적인 정신적 폭력의 경우는 차이가 가장 적었습니다(여자아이들은 40퍼센트였고 남자아이들은 42퍼센트였습니다). 괴롭힘에 해당하는 피해는 남자아이들에게 일어나는 경우가 여전히 더 많았습니다.

그런데 2011년부터 2013년 사이에 이 수치는 남자아이들의 경우 일정하게 유지되었지만, 여자아이들은 상당한 폭으로 증가했습니다. 실제로 다중 피해를 겪는 여자아이들의 비율은 5.8퍼센트가 되었는데, 이는 1.4포인트라는 상당한 폭으로 증가한 수치입니다. 더군다나 에클레르 프로그램 참여 학교에서 강력한 다중 피해가 차지하는 비중 역시도 증가했습니다(6.5퍼센트에서 8.7퍼센트로 증가했습니다).

따라서 2년 동안 학교에서 일어나는 괴롭힘의 횟수가 프랑스에서는 다소 증가하는 경향을 띠었다고 볼 수 있습니다. 최근 교육계가 이 문제를 더 중요하게 여기게 되었음에도 말입니다. 목격자들에게는 침묵을 깨고 직접 개입하거나 성인에게 개입을 요청해달라고 촉구하고,[12] 괴롭힘을 당하는 아이들에게는 주변에 이야기하도록 촉구하는 홍보 캠페인을 벌였음에도[13] 이와 같은 정체 현상을 확인할 수 있었습니다.

반대로, 2016년 말 HBSC*는 취학생들의 안녕에 관한 국제 조사 결과를 발표했는데(2013~2014년) 여기서는 세 연령 집단에(11세, 13세, 15세) 질문을 더 적게 던졌습니다. 그중 '이 조사를 받기 전 두 달 동안 매달 최소 두 가지 이상의 괴롭힘을 겪은 적이 있나요?'라는 질문은 2010년에도 똑같이 물어봤습니다. 확실한 괴롭힘이라고 할 수 있을 정도로 자주 가혹 행위를 당했다고 답한 학생들의 비율은 2010년에서 2014년 사이에 현저하게 감소했는데, 2010년에는 14퍼센트였다가 2014년에는 11.8퍼센트가 되었습니다.**

● 취학 아동의 건강 행태(Health Behaviour in School-Aged Children)는 학교 교육을 받는 연령대 아이들의 건강에 관해 45개 국가를 대상으로 30년 동안 국제적인 조사를 시행해온 기관이다.

●● 그렇지만 각 학년을 별도로 조사한 결과 이처럼 현저한 감소 폭이 나타난 경우는 6학년뿐이었다(2010년 16.1퍼센트에서 2014년 11.4퍼센트로 변화했다).

이처럼 두 조사의 상반되는 결과는 이 분야에서 통계 수치를 확인하고 이를 분석하는 일이 대단히 복잡하다는 사실을 잘 보여줍니다.

학교 내 괴롭힘은 어떤 연령대가
가장 영향을 많이 받나요?

이 질문 역시도 관련된 수치를 확인하기가 매우 어렵습니다. 중학생들은 가장 많이 괴롭힘을 당하지만 성인을 쉽게 신뢰하지 않기 때문입니다. 중학생들의 관점에서 성인들은 학교 기관의 일부일 뿐입니다.

실제로 고려해야 할 사항들이(물론 계량화하기 어려운 사항들입니다) 상당히 많습니다. 괴롭힘을 당하는 학생들이 기관을 대표하는 사람에게 괴롭힘 사실을 이야기할 경우, 그에 대한 반응(이를테면 괴롭힘 가해자들에게 제재를 가하는 등) 때문에 피해자로서 위치가 강화될 수 있습니다. 그 결과 더 큰 괴롭힘을 당할 위험이 생깁니다.*

* 더군다나 '피해자'라는 말은 약 3년 전부터 중학교에서 벌어지는 괴롭힘 사건에서 가장 만연하게 사용되는 욕설이 되었다.

교육부가 2011년과 2013년에 피해 조사를 실시했을 때 연구를 위한 이동 보안팀 중 조사관을 선정했기 때문에, 이 조사관들이 기관에 소속되어 있으며 (학교 보건 교사와는 달리) 보안에 철저했다는 사실이 인터뷰 대상자들에게 분명하게 인식되었을 겁니다. 따라서 적어도 중학교의 경우 이 조사 결과가 괴롭힘을 당한다고 얘기한 아이들의 수를 상당히 과소평가했으리라 가정해볼 수 있습니다.

연구자인 에마뉘엘 페냐르Emmanuel Peignard, 엘레나 루시에-퓌스코Elena Roussier-Fusco, 아녜스 반 잔텐Agnés Van Zanten은 이렇게 주장합니다. "괴롭힘의 빈도에 관한 통계 수치는 여러 가지 이유로 신중하게 검토해야 한다. 조사 과정에서 사실을 단 한 가지 방식으로 규정하지도 않고, 모든 관련자가 똑같은 행동을 똑같은 방식으로 인식하거나 평가하지도 않고, 괴롭힘 가해자에게 보복을 당할까 봐 두려워서 피해자가 가혹 행위를 당했다고 밝히지 못하고 단념할 수도 있다. 제아무리 익명성을 보장한다고 하더라도 말이다."[14]

2011년 초등학교 학생을 대상으로 유니세프가 피해에 관해 시행한 조사 결과도● 이와 같은 주장에 한층 힘을 실어줍니다. 이 결과에 따르면 중학생을 대상으로 시행한 조사에 비

● 프랑스 유니세프가 2011년 3월에 시행한 조사로, 교육부의 기술적인 지원을 받아 실시했다.

해 괴롭힘을 당하는 아이들의 수가 현저히 높게 나타납니다. "학교에서 반복적인 물리적, 언어적 폭력을 겪는 괴롭힘 피해자의 비율은 전체 학생의 11.7퍼센트로 추산된다."

이는 곧 괴롭힘 피해자가 되는 초등학생의 수가 중학생의 수보다 두 배 가까이 많다는 의미입니다. 하지만 실제로 해당 아동들을 담당하는 전문가들이 현장에서 마주하는 현실은 전혀 다를 것입니다. 그리고 이 수치는 현재 성인이 된 대부분 사람이 이야기하는 어린 시절의 기억과도, 또 중학교 시절에 괴롭힘이 얼마나 만연했는지를 떠올리는 사람들의 기억과도 전혀 다릅니다.

학교 폭력과 관련해
프랑스의 순위는 어떤가요?

2014년 HBSC가 11세 아동들을 대상으로 조사를 시행하기 전 두 달 동안, 매달 최소 2~3가지 괴롭힘을 겪은 피해자의 감소 비율에 관해 작성한 국가 분류*를 참고해 이 질문에 답해볼 수 있겠습니다.

구체적인 질문은 다음과 같습니다. '두 달 동안 매달 최소 2~3번 이상 괴롭힘을 당한 적이 있습니까?' 교육부에서 실시한 조사에 비하면 훨씬 덜 엄밀한 조사입니다. 괴롭힘 자체에

● http://www.euro.who.int/__data/assets/pdf_file/0015/303441/HSBC-No.7-Growing-up-unequal-Part2-Chapters1-5.pdf. 프랑스에서는 2014년 표본에 도시 지역 중학교 169곳의 중학생 7,023명이 포함되었다. 조사에 참여할 학교와 학습은 교육부의 평가, 전망 및 수행팀에서 선정했으며 최종 표본의 대표성을 확보하고자 계층을 나눈(평형을 이루는) 무작위적 집단 조사에 따라 선정했다.

관련된 질문은 한 개밖에 없기 때문입니다. 그렇지만 이 조사 덕분에 다른 유럽 국가와 비교해 프랑스의 순위가 어느 정도인지를 확인해볼 수 있습니다. 프랑스는 이 질문에서는 유럽 지역에서 비교적 순위가 낮은 편이고(평가 대상 유럽 국가 19개국 중 12위), 전 세계 45개 국가를 대상으로 했을 때는 정확히 중간에 위치합니다.

2013년과 2014년에 정기적으로 괴롭힘을 당하는 11세 아이들을 대상으로 시행한 HSBC 조사에 따르면 실제 격차가 제법 상당한 수준입니다.

학교 폭력 예방 프로그램을 처음 시행한 것은 단 올베우스의 제안으로 1983년 노르웨이에서 시행된 것입니다. 핀란드에서는 괴롭힘을 당하던 청소년이 2007년과 2008년에 '스쿨 슈팅school shootings(학교 내 대규모 학살)'을 저지르면서 정부가 대책을 내놓게 되었습니다. 따라서 학교 폭력 현상을 제도적인 차원에서 방지하기 위해 몇몇 국가들이 일찌감치 취했던 조치들이 순위에 영향을 끼쳤으리라 생각해볼 수 있습니다. 그렇지만 이와 같은 설명은 충분치 않습니다.

영국의 결과도 이런 점을 보여주는데, 영국의 순위는 프랑스와 그리 차이가 나지 않지만 학교 내 괴롭힘에 대한 대책은 훨씬 일찍부터 내놓기 시작했습니다. 1994년부터 '괴롭힘 방지 패키지pack anti bullying(학교 내 괴롭힘 방지 조치)'를 학교에

무료로 배포했습니다. 1998년에는 청소년들이 연달아 자살한 뒤 토니 블레어 정부가 모든 기관에서 괴롭힘을 방지하는 조치를 의무적으로 실시하도록 하는 방침과 교육에 관련된 법을 채택했습니다.

이런 차이점을 설명하는 방식은 여러 가지가 있을 것이며, 의심의 여지 없이 사회학적이고 일부는 사회경제적이기도 할 것입니다.* 물론 교육 전문가들이 현장에서 이런 차이를 어떤 방식에 따라 고려하는지도 함께 생각해야 합니다. 앞서 언급한 페냐르, 루시에-퓌스코, 반 잔텐의 공동 논문 〈영국 학교 내 폭력: 사회학적 접근La violence dans les établissements scolaires britanniques: approches sociologiques〉의 저자들이 밝히고 있듯이 "학교마다 결과가 아주 다양하게 나오며, 국가 간 비교를 할 때는 설문지를 배포한 대상 기관의 속성을 고려해야" 합니다.

● HBSC의 분석가들은 실제로 2013~2014년 조사를 통해 부유한 가정일수록 아이가 괴롭힘을 당하는 비율이 낮다는 사실을 확인했다. 유니세프에서 실시한 조사인 2014년 〈프랑스 청소년의 큰 불안(Adolescents en France, le grand malaise)〉도 이와 같은 분석에 힘을 실어준다. 생활 수준이 빈곤하거나 치안이 좋지 않은 구역에 거주하는 응답자들 역시 학교에서 괴롭힘을 겪는 경우가 더 많았다. 이는 학교 바깥에서 취약한 상황에 놓여 있는 어린이와 청소년들이 지배력을 행사하려는 다른 또래 아이들의 특별한 표적이 되는 것과 같다.

괴롭힘을 당하는 아이들의
자살률은 어떤가요?

프랑스에서는 매년 청소년 4만 명이 자살 시도를 합니다. 2013년에는 14세 이하 어린이 31명이, 15~24세 사이의 청소년 458명이 스스로 목숨을 끊었습니다. 정신건강의학과 의사 자비에 포메로Xavier Pommereau에 따르면, 자살을 시도한 청소년들이 입원했을 때 내세운 정황은 이런 행동을 하게 된 근원적인 원인을 충분히 고려하지 못했습니다.[15] 대체로 그 원인은 초기 정신질환(인격장애 또는 기분장애), 청소년기의 사건(성폭력 경험), 가족(단절 또는 불화)인 경우가 많았습니다.

그렇지만 유니세프의 2014년 조사 〈프랑스 청소년의 큰 불안〉에 따르면 소셜 네트워크에서 괴롭힘을 당하는 아이들은 평균적인 청소년보다 자살을 떠올릴 위험이 2.3배 높으며, 학교에서 괴롭힘을 당하는 아이들은 1.6배 더 높다고 합니다.

이와 동시에 괴롭힘을 당하는 아이들에게서 흔히 볼 수 있는 특징인, 믿을 만한 친구가 없다는 사실 역시 자살을 떠올릴 위험을 1.59배 강화합니다.

따라서 괴롭힘은 자살과 연관된 생각을 현저하게 늘리는 요소입니다. 정신건강의학과 의사인 니콜 카트린느Nicole Catheline는 "초등학교에서 괴롭힘을 당하는 어린아이는 청소년이 되었을 때 자살 시도를 할 위험이 4배 더 높다"고 합니다.* 다행히도 학교에서 일어나는 괴롭힘과 직접적으로 관련이 있는(확인된 바로는) 행동 표출은 드문 편이지만, 미디어에서 매우 강력하게 보도하다 보니 실제로 이런 자살 시도가 많다는 인상을 줄 수 있습니다. 그에 따라 수많은 부모와 교육자들이 걱정하고 있습니다.

● 푸아티에에 있는 앙리-라보리 종합병원의 모자이크 청소년 치료소에서 근무하고 있다.

법에 명시된 처벌은
어떤 것들인가요?

괴롭힘 사건은 초등학교, 중학교, 고등학교 건물 바깥에서 벌어지더라도 처벌을 받습니다. 학교 폭력 피해를 입은 미성년 피해자는 38세가 될 때까지 소송을 제기할 수 있습니다. 13세 이상의 미성년자만이 징역형(6개월)이나 벌금(7,500유로)을 선고받을 수 있습니다.*

● 우리나라의 경우 학교 폭력으로 고소된 경우 가해자는 〈형법〉에 따라 징역형, 벌금형 등의 형사처벌을 받거나 〈소년법〉에 따라 보호처분될 수 있다. 가해자 나이가 14세 미만이라면 형사처벌 대상이 되지 않아 보호처분된다. 형사처벌 내용을 구체적으로 살펴보면, 상해죄는 7년 이하의 징역, 10년 이하의 자격정지 또는 1천만원 이하의 벌금에 처하고, 폭행죄는 2년 이하의 징역, 500만원 이하의 벌금, 구류 또는 과료, 그리고 협박죄는 3년 이하의 징역, 500만원 이하의 벌금, 구류 또는 과료에 처한다. 약취(略取) 또는 유인 시에는 10년 이하의 징역, 모욕죄는 1년 이하의 징역이나 금고 또는 200만원 이하의 벌금에 처하고, 재물절취 시에는 6년 이하의 징역 또는 1천만원 이하의 벌금에 처한다(옮긴이).

가중처벌을 받는 경우도 있습니다. 피해자가 15세 이하일 경우, 가시적인 장애나 가해자가 인지하고 있던 장애가 피해자에게 있을 경우, 괴롭힘으로 인해 8일 이상 취로불능(결석) 상태가 되었을 경우, 인터넷을 '통해서' 괴롭혔을 경우입니다. 가중처벌을 받는 경우는 징역형이 6개월에서 1년으로 증가하며 가중처벌 사유가 여러 가지 있을 경우는 18개월로 늘어납니다. 이 모든 경우에도 벌금은 7,500유로로 똑같습니다.

자살을 선동한 가해자는 13~17세 사이일 경우 벌금형을 받고 징역형도 받게 됩니다. 처벌을 받으려면 이와 같은 선동 이후에 피해자가 자살하거나 자살 시도를 해야 합니다. 처벌은 피해자의 연령에 따라 달라지는데, 징역형은 18개월에서 2년 반 사이이고 벌금형을 수반합니다.

미성년 가해자의 부모는 아이가 저지른 행동에 대한 민사상의 책임을 집니다. 설령 아이가 13세 이상이더라도 말입니다. 피해자의 부모에게 손해배상금을 지급해야 하는 것은 가해자의 부모입니다.

교사 또는 다른 모든 교육 관계자(감독인, 교장)는 형사 재판 시에 기소를 당할 수도 있습니다. 재판부에서 이들이 학생에게 가해지는 폭력을 막을 수 있었으나 아무것도 하지 않았다고 판단할 경우, 위험에 처한 사람을 돕지 않은 명목으로 벌금형을 선고하거나 징역형을 선고할 수도 있습니다.

남자아이와 여자아이 모두
똑같은 괴롭힘을 당하나요?

2011년 남자아이들의 8퍼센트가 괴롭힘을 겪은 적이 있다고 답한 반면, 여자아이들은 4퍼센트가 그렇다고 답했습니다. 2013년 남자아이들의 비율은 그대로 머물러 있었지만 여자아이들의 비율은 5.8퍼센트로 증가했습니다. 신체적인 폭력은 남자아이들이 더 많았고, 따돌림(2013년 기준으로 여자아이 42퍼센트 대 남자아이 32퍼센트)과 성폭력은 여자아이들이 더 많았습니다.

2013년에는 젠더, 옷차림, 신체적 특징과 관련된 모욕은 여자아이들에게 가해지는 경우가 더 많았던 반면, 출신이나 종교와 관련된 모욕은 남자아이들에게 가해지는 경우가 더 많았습니다. 남자아이들은 신체적 폭력의 피해자가 되는 경우가 가장 많으며 그 비율은 다음과 같습니다.

- 남자아이들 20퍼센트가 집단적인 싸움에 휘말린 반면, 여자
  아이들은 이런 경우가 8퍼센트였습니다(2013년에는 19퍼센트
  대 9퍼센트). 2013년에는 표적으로 삼아 물건을 던지거나(17퍼
  센트 대 13퍼센트), 흉기로 위협을 당하거나(5퍼센트 대 2퍼센트),
  흉기에 상처를 입는 것(3퍼센트 대 1퍼센트)과 같은 심각한 폭
  력에 남자아이들이 훨씬 많이 노출되었습니다.
- 남자아이들 40퍼센트가 의도적으로 밀치는 행동을 당했던 반
  면, 여자아이들은 33퍼센트가 이런 일을 겪었습니다.
- 남자아이들 13퍼센트가 위험한 놀이를 경험한 반면, 여자아이
  들은 3퍼센트가 겪었습니다(2013년 기준 16퍼센트 대 3퍼센트).

절도의 경우 여자아이들과 남자아이들 모두 동등한 비율
로 피해자가 되었습니다. 그렇지만 절도가 협박이나 신체적
폭력과 함께 일어나는 경우는 남자아이들의 비율이 훨씬 높
았습니다.

성폭력의 피해자가 되는 건 여자아이들이 제일 많습니다.
여자아이들의 7퍼센트가량이 엿보기, 강제적인 애무나 입맞
춤을 경험했다고 밝힌 반면, 남자아이들은 4퍼센트였습니다
(2013년에도 수치는 같았습니다).

프랑스에는
어떤 예방책이 있나요?

최근 몇 년 동안 프랑스의 초등학교와 중학교에서는 학교 내 괴롭힘을 줄이기 위해 꽤 많은 예방책이 실시되었습니다.[*] 한 예로 유치원에서 여섯 가지 항목에 걸쳐 엄격한 평가를 실시하는 활동이 있습니다. 바로 정신분석학자 세르주 티세롱 Serge Tisseron의 방법론으로, '세 인물 놀이'[**]라고 부릅니다. 이는 공감 능력을 발달시키고 폭력을 줄이며 "자신을 가해자

[*] 여기서 '예방'이란 갈등을 해소하는 것이 아니라 미래에 일어날 수 있는 갈등을 막는 것을 목표로 삼는 모든 조치를 가리킨다.

[**] 세르주 티세롱은 자신의 사이트에서 이 활동을 다음과 같이 설명한다. "세 인물 놀이는 내가 2006년에 고안한 연극 활동으로, 유치원부터 중학교에 이르기까지 아이들의 공감 능력을 발달시키고 폭력을 줄이는 것을 목적으로 삼는다. '세 인물 놀이'라는 이름을 붙인 까닭은 가해자, 피해자, 제3자라는 세 인물에 관련된 것이기 때문이다. 여기서 제3자는 단순한 목격자가 될 수도 있고, 정의의 사도가 될 수도 있고, 구조원이 될 수도 있다."

아니면 피해자로 여기는 경향이 있는 아이들이 이처럼 동일시하는 태도를 쉽게 바꿀 수 있도록 만드는"[16] 것이 목적입니다. 특히 이 놀이는 아이들이 아무런 항변도 하지 않은 채 자신을 피해자로 취급하지 않는 법을 가르쳐주기 위해 만들어졌습니다.

평가 결과는 세 인물 놀이가 실제로 "자신을 가해자 아니면 피해자로 여기는 경향이 있는 아이들이 이처럼 동일시하는 태도를 쉽게 바꿀 수 있도록 만든"다는 것을 보여줍니다. 이와 비슷한 모든 예방책은 유치원과 초등학교에서 충분히 적용할 수 있을 것으로 보입니다.

그렇지만 한편으로는 이 놀이가 "대립을 피하는 태도를 옹호하며, 어른에게 갈등을 중재하는 역할을 부탁하거나 도움을 청하는 것을 권한다"라는 사실도 피할 수 없습니다. 바로 이 점이 문제입니다. 자신에게 고통을 안겨주는 상호작용에서 벗어날 만한 자원을 스스로 갖추지 못하고 어른에게 도움을 청한다는 건 아이들 사이에서 계속 피해자로 낙인찍힌다는 의미이기 때문입니다.

특히 중학생들은 학교에 있는 어른에게 폭력 사실을 털어놓는 걸 극심하게 망설입니다. 따라서 반드시 어른에게 도움을 요청해야 한다고 가르치는 것은 괴롭힘의 특징인 '상보적 고조'를 바꾸지 못합니다. 그런데도 이런 방법이 프랑스에서 실시하는 대부분의 예방책 핵심에 자리 잡고 있습니다.

중학교에서는 아주 다양하고 서로 다른 지원책을 활용하는(포스터 공모전, 동영상 공모전, 다양한 전문가들의 발표, 영상 시청) 여러 예방책이 있지만 지금으로서는 평가의 대상이 되지 않습니다. 우리가 알고 있는 한에서는 말입니다. 팰러앨토 학파의 실천가들에 따르면 이런 예방책들은 괴롭힘 사건의 심각성을 밝히는 데 초점을 맞추고 있습니다. 예방책이 전혀 없던 시절에는 이런 심각성에 관한 정보가 알려지지 않았지요.

하지만 이런 예방책은 (잠재적인 괴롭힘 가해자거나 목격자인) 중학생들에게 동기를 부여하기 위해 교화를 주축으로 삼는 교육법을 활용하고 있어, 역효과를 낳을 위험이 있습니다. 이 연령대에서는 성인들이(그리고 고지식한 어린이들이) 탐탁지 않게 생각하는 행동들이 아주 매력적으로 느껴지기 때문입니다. 예방책과 관련해 팰러앨토 학파의 실천가들은 '괴롭히는 것은 나쁘다'라는 생각을 주입하기보다는, 예방책을 원하는 중학생들과 함께 강력한 전략을 함께 고안하는 편을 선호합니다.

교육부에서는
어떤 대책을 내놓고 있나요?

앞서 설명한 예방책 외에도 실제로 괴롭힘이 발생했을 때, 즉 예방책이 실패했을 때 괴롭힘 상황을 해결하는 방법도 있습니다.

또래 사이에서 일어나는 괴롭힘을 해결하는 제도적 접근법은 오로지 어른이나, 당사자 대신 어른에게 알려줄 다른 어린이/청소년에게 도움을 요청하는 데만 의존하고 있습니다. 프랑스 교육부 홈페이지[17]에는 '제가 학교 폭력 피해자가 되었을 때는 어떻게 해야 하나요?'라는 질문에 이렇게 답하고 있습니다. "도움과 해결책을 찾을 수 있도록 다른 사람에게 이야기해야 한다."

이렇게 어른에게 알린 뒤에는 농 오 아르셀르망(Non au harcèlement, 문자 그대로 풀이하면 '괴롭힘은 안 돼'라는 뜻)*에서 교육자들에게 제안하는 방침에 따라 피해자에게 질문하면서 사실과 괴롭힘 당사자들을 확인하는 것입니다. 피해자의 안전은 학교에서 책임질 것이라 안심을 시키면서 말입니다. 그런 다음 가해자를 불러 괴롭힘의 심각성을 알려주거나 일깨우고 더 이상 괴롭힘을 저지르지 않도록 요구합니다. 때로는 처벌을 주기도 합니다.

이런 제도적인 갈등 해결법은 최근까지도 괴롭힘을 당하는 아이의 자원이나 능력을 활용하지 않았습니다. 오히려 정반대로, 피해자가 스스로 해결하려 하면 안 된다는 점을 확실하게 주지시켰습니다. 아이가 문제 해결에 참여하기를 희망할 경우 이를 독려해야 한다는 내용이 처리 방침에 명시된 지는 그리 오래되지 않았습니다. 피해자 대신 책임을 지는 성인이 직접 개입해 괴롭힘을 끝내도록 한다는 것이 이 방침의 핵심입니다.

이런 점에서 볼 때 제도적인 해결 방침은 사실상 가해자의 행동이 바뀌어야만 괴롭힘이 멈춘다고 가정합니다. 즉 어른이나 또래가 개입해 가해자의 행동이 피해자에게 얼마나 고통스러운지를 알려주거나 일깨워주면서 공감 능력을 "합리적으로" 촉발해야 한다고 합니다. 또한 제도적 해결 방침은

● 프랑스 정부에서 실시한 학교 폭력 관련 캠페인이다(옮긴이).

벌을 준다는 위협과 벌 자체가 괴롭힘을 단념하게 만든다고
가정합니다.

다른 해결책으로는
어떤 것들이 있나요?

프랑스 연구자들 대부분은 괴롭힘을 멈추기 위해 가해자에게 벌을 주는 방법의 효과에 관해 상당히 회의적입니다.[18] 이들에 따르면 해결책은 전혀 다릅니다. 에릭 드바르비유Éric Debarbieux는 학교 폭력을 막는 효과적인 행동의 기본은 "언제나 괴롭힘 가해자들의 복종보다는 책임감을, 외부 조건보다는 인지적인 발달을 바탕으로 삼고 있"습니다.[19]

한 가지 확실히 말씀드릴 점이 있습니다. 바로 괴롭힘을 당하는 아이의 능력이나 자원은 전혀 언급되지 않았다는 점입니다. 위 해결책의 기조는 가해자에게 책임을 지우고 교육해서 가해자가 행동을 바꾸고 더 나아지도록 하는 것입니다.

이 개념을 정의한 스웨덴의 심리학 및 교육학 교수의 이름을 딴 방법론이자 장-피에르 벨롱Jean-Pierre Bellon과 베르나르 가데트Bernard Gardette가 추천하는 피카스 방법론La méthode Pikas은 다음과 같은 행동 계획을 제시합니다.

- 1단계: 괴롭힘에 동참하는 아이들과 만난다.
- 2단계: 괴롭힘에 연루된 학생들 각각에 대한 해결책을 찾는다.
- 3단계: 피해자와 만난다.

가해 학생들을 모두 만난 다음에 마지막으로 피해자를 만납니다. 중재자는 "이들이 해결책을 찾아나가는 중이라고 피해자에게 설명"[20]해주어야 합니다. 피해자는 빼놓고요! 피카스 방법론에서는 행동을 바꾸는 것은 가해자의 몫이라고 봅니다. 가해자의 공감 능력을 높이고, 이를 통해 괴롭힘을 멈추도록 돕는 것을 목적으로 삼습니다.

하지만 이와 반대로, 팰러앨토 학파의 실천가들은 괴롭힘의 해결책은 괴롭힘을 당하는 학생이 만들어낸 것일 때 가장 효과적이라고 봅니다. 양측 가운데 폭력이 멈추기를 가장 바라는 사람은 바로 피해자이기 때문입니다.

이 관점에서 본다면 괴롭힘이 발생하는 수치를 낮추는 한 가지 방법은 바로 취약한 아이들을 활용해서 당사자들이 서로를 존중하고, 피해자가 무력한 상황에서 빠져나올 수 있도록 돕는 것입니다. 이렇게 하기 위해서는 각 학교에서 어린이들과 청소년들이 이 새로운 내용을 알고 배우도록 도울 수 있는 전문가 집단을 구성해야 합니다. 당연한 얘기지만, 이 방법은 여러 가지 능력이 필요한, 상당히 복잡한 과정을 거쳐야 하기 때문입니다.

학교 폭력의
시작과 끝

괴롭힘은 어떻게
시작되나요?

맨 처음에는 짓궂은 행동이나 조롱이라고 볼 수 있는 언어적, 물리적 공격으로 괴롭힘이 시작되는 경우가 아주 많습니다. 이런 행동들을 '사소하다'라고 평가하지는 않겠습니다. 무척이나 잔인한 경우가 흔하기 때문입니다. 특히 대상이 뚜렷하게 한정된 별명이나 조롱이라면 더더욱 그렇습니다.

게다가 현행범으로 잡힌 가해자들이 처음에 했던 공격의 속성을 강조하며 자기를 변호하는 일도 비일비재합니다. 가해자들은 이렇게 말합니다. "웃자고 한 일이었어요. 못된 생각으로 한 게 아니에요. 나쁘게 받아들이면 안 되죠."

어쩌면 처음에는 정말 그랬을지도 모릅니다.

그렇지만 계속해서 단순한 장난일 수는 없습니다. 바로 괴롭힘을 당한 아이의 무력함이 괴롭힘의 악순환을 부추기기 때문입니다. 설령 '웃자고' 하는 게 목적이라 하더라도, 이런 이득을 누리는 것은 오로지 가해자(들)뿐입니다(그리고 몇몇 목격자들 정도입니다). 여기서 의미 있는 건 바로 공격의 악의성, 구체적으로 짚어본다면 피해자가 수치스러운 상태에 빠지는 것입니다.

중요한 것은 괴롭힘을 당하는 아이의 인식이지, 행동의 내재적 속성이 아니라는 사실을 유념해야 합니다. 어떤 조롱은 어른들이 보기에는 가벼워 보일 수도 있습니다. 그렇지만 당사자인 어린이는 크나큰 슬픔에 빠질 수 있습니다. 마치 우리가 만났던 한 남자아이의 경우처럼 말입니다. 이 아이는 끊임없이 "나쁜 반장" 취급을 받았고, 이 사실이 아이에게는 이루 말할 수 없는 고통을 주었습니다. 가해자들은 바로 이 점을 완벽하게 간파했습니다.

고통은 공격이 여러 날 동안 이어지고, 형태가 바뀌고, 차츰 더 많은 사람이 보는 가운데서 일어난다는 사실에서 생겨납니다. 신경과학의 연구에 따르면 괴롭힘을 당할 때 활성화되는 뇌 영역이 바로 물리적인 폭력을 당할 때 활성화되는 뇌 영역과 같다고 합니다.

괴롭힘이 시작되는 이유는 괴롭힘이 증식할 만한 공간이 있기 때문입니다. 처음에 일어나는 조롱은 괴롭힘을 당하는 아이에게 그 어떤 영향도, 아주 미세한 영향조차도 끼치지 않기에 안전하게 빠져나갈 수 있습니다. 하지만 아이가 점점 더 자기 안으로 움츠러들거나, 구경거리가 될 만한 위기에 노출되면 괴롭힘은 증식합니다. 이 두 가지 상황에서 가해자가 별 위험 없이 계속 인기를 끌 수 있겠다는 사실을 인지하는 순간부터 괴롭힘이 시작됩니다.

가해자의
전형적인 유형이 있나요?

이 사안과 관련해서도 프랑스 내에서 다양한 분석이 이뤄지고 있습니다. 몇몇 임상의들과 연구자들은 가해자 아동이 관계에서 고통을 받거나(가족 관계, 인간관계), 일차적인 실감정증 때문에(즉 내면의 강력한 고통 때문에 공감 능력을 상실한 것입니다) 관계 장애를 겪고 있을 수도 있다는 주장을 하나의 가정으로 내놓습니다.[21] 경우에 따라서는 정신적 기능장애가 있어서 스스로 괴롭힘을 멈추지 못하는 것일 수도 있습니다.

그런데 단 올베우스[22]가 1978년부터 관찰해온 것처럼, 괴롭힘 가해자들이 다른 학생들에 비해 선생님과 또래를 대할 때 언어적으로나 물리적으로나 더 공격적이라면, 또래보다 물리적으로 힘이 더 세고 자신감이 더 강하고 불안이 적은 경우가 많습니다.

다른 연구자들은 거의 비슷한 증상을 언급하며 자아도취적인 조작 도취를 이야기하기도 합니다(둘 중 어떤 사례에서도 생체적인 증거는 없습니다). APHEE®를 설립한 벨롱과 가데트[23]는 다음과 같은 관점을 제시했습니다. "우리는 괴롭힘 가해자 대부분에게 공감 능력이 결여된 것을 보았다. […] 가해자들은 죄책감을 느끼지 않는다."

그렇지만 이 가정을 뒷받침하는 구체적인 관찰 내용은 없으며, 가해자는 해를 끼치려는 의지에 매몰되어 있다는 확신에만 의존하고 있습니다. 이는 벨롱과 가데트가 제시한 괴롭힘 가해자들의 특징 세 가지 가운데 하나입니다.

우리는 상황을 개인적인 방식보다는 관계적인 방식으로 바라보고자 합니다. 괴롭힘을 당한 우리 환자들이 보고한 관찰 내용에 따르면, 가해자는 해를 끼치려는 의도 같은 것보다는 자신의 인기에 훨씬 더 집착합니다. 자신의 권력을 확고하게 만들려면 희생자가 필요합니다. 그리고 이 희생자를 붙잡고 있는 한은, 권력을 내려놓지 않을 것입니다. 즉 정신적 문제보다는 관계 문제와 더욱 관련이 깊습니다. 따라서 질병이 있거나 도덕성이 의심된다고 진단을 내리기보다는 보살핌,

● APHEE는 학생들 사이에서 벌어지는 괴롭힘과 가혹행위를 예방하는 방안들을 장려하는 협회로, 벨롱과 가데트가 각각 대표와 부대표를 맡고 있다. 참고 링크: https://www.harcelement-entre-eleves.com/pages/aphee.htm.

즉 이들을 돌봐주거나 변화시키는 게 우선입니다.

우리가 보기에 괴롭힘 가해자의 전형적인 유형은 없습니다. 그렇지만 몇몇 아이들과 청소년들이 다른 사람들에게 피해를 끼치며 자신의 인기를 확립하기 위해 활용하는 관계 방식은 있습니다. 이들은 물리적인 힘이나 특정한 관계적 능력을 발휘하는데 관계적 능력이란 주로 유머, 말주변, 임기응변 능력 등입니다. 그러므로 괴롭힘을 멈추려면 괴롭힘을 통해 인기를 더 이상 얻을 수 없도록 하는 것이 핵심입니다.

이런 관찰 내용을 뒷받침하는 것은 가해자들에게 괴롭힘을 당한 우리 환자들이 들려주는 설명입니다. 이 환자들에 따르면 괴롭힘 가해자들은 전혀 불안해 보이지 않습니다. 반면에 자신의 인기에는 무척 신경을 쓰며, 희생자가 아닌 다른 사람들에게는 무척 공감하는 모습을 보입니다. 게다가 괴롭힘을 당한 아이들 가운데 여럿은 이들의 친구가 되고자 했거나 과거에 친구로 지낸 적이 있었습니다.

이는 발레리 베사그Valérie Besag(1989)[24]와 M. 볼턴M. Boulton (1993)[25]이 제시한 가설이기도 합니다. 일부 학생들에게 '불링 bullying(학교 폭력을 지칭하는 영어권 용어)'은 싸움이나 방어적 행동을 피하는 학생들과는 반대로 승리자라는 이미지를 유지하는 수단입니다.

피해자의
전형적인 유형이 있나요?

놀랍게도 이 질문에 관한 프랑스 전문가들의 견해는 제법 일치합니다. 전문가들이 보기에, 괴롭힘을 당하는 아이는 가해자와 달리 선천적이고 정신적인 기능장애가 없다고 여겨집니다. 장-피에르 벨롱과 베르나르 가데트에 따르면 "전형적인 피해자 유형이 실제로 존재하는 것은 아니다. 기껏해야 특정한 시점에 자신을 방어하기 어려운 요소가 있을 따름이다."[26]

니콜 카트린느는 여기서도 실감정증[27]이라는 정신신체적 장애를 가지고 괴롭힘을 당하는 피해자의 특성을 설명합니다. 그렇지만 이는 이차적인 특징이라고 봅니다. 다시 말해서 이는 괴롭힘을 당하는 일처럼 트라우마를 불러일으키는 사건의 결과로 생겨난 쇼크 형태로 나타난다는 것입니다. 그리고 이런 쇼크는 "다시금 괴롭힘 가해자가 공격의 강도를 높이도록 부추길 것이다. 가해자는 자기가 약자의 특성이라고 여기는 것을 보고는 만족스러워하기 때문이다."[28]

전략적 시스템 공학자들 역시도 이 두 가지 주장을 뒷받침하는 전제에 동의합니다. 이들은 괴롭힘이 지닌 관계적 특성을 더 많이 고려하기 때문입니다. 괴롭힘을 당하는 아이가 쇼크 상태에 빠지면 자신을 방어할 수 없게 되는데, 이는 가해자의 힘을 더 키웁니다. 가해자는 아무 위험 부담 없이 계속 괴롭힐 수 있기 때문입니다. 그러면 괴롭힘을 당하는 아이는 더 큰 쇼크 상태에 빠지고, 가해자는 더욱 자신의 지배력을 실감하게 됩니다.

니콜 카트린느에 따르면 실감정증을 겪는 아이는 "마치 몸 안에 살고 있지 않은 것 같은 인상을 풍긴다. 궁지에 몰린 것처럼, 미숙하고 기품(리듬, 조화)이 전혀 없는 듯" 보입니다. 전혀 일반화를 할 수 없긴 하지만, 우리는 내면을 향하고 있는 것 같은 눈빛을 한 아이들을 자주 만납니다. 마치 자신의 마음속 깊은 곳에 갇혀 있기를 좋아하기라도 하는 것처럼 말입니다. 이는 이상한 분위기를 만들고, 관계에서 벗어난 것 같은 인상을 부여합니다. 그리고 이들의 취약한 상태를 알려주는 제법 명확한 신호를 잠재적인 가해자에게 보내, 가해자들이 이들을 이상적인 먹잇감으로 삼게끔 만듭니다.

전문가들은 어떤 아이들이든 괴롭힘을 당할 수 있다는 데

동의하는 반면, 제도권에서는 차이점이 있는 아이들이 괴롭힘을 당하는 편이라는 주장을 끈질기게 고수합니다. 그렇다면 과연 차이점이 '없는' 아이란 대체 어떤 아이일까요? 그리고 그렇게 단정하면 차이점이 있는 아이들에게 해를 끼치는 예측을 할 위험이 있습니다.

다시 한번 이야기하지만, 학교에서 일어나는 괴롭힘은 특정 시점에 어떤 아이나 청소년에게 있다고 여겨지는 취약함을 바탕으로 삼습니다. 그리고 어떤 아이나 청소년이든 간에 다양한 이유로 특정 시점에 취약해질 수 있습니다. 그렇기에 어떤 아이든 괴롭힘을 당할 수 있는 것입니다.

'왜 하필 나한테 이런 일이 일어난 거야?' 라는 아이에게 뭐라고 말해줘야 할까요?

아이들에게 자신감을 불어넣어 주고 싶은 부모들은 주로 이렇게 말합니다.

"괴롭히는 아이가 너를 질투하거나, 아니면 너를 좋아해서 그러는 거야."

당연히 이 말이 맞을 때도 있지만, 틀릴 때도 있습니다. 이 말이 맞는 경우라면 제아무리 이 대답이 아이를 칭찬하는 것처럼 느껴질지라도, 아이가 고통에서 벗어나는 데는 전혀 도움이 안 됩니다. 이런 답을 들으면 아이는 기껏해야 경멸하거나 무관심한 태도를 보일 텐데, 이런 행동과 태도는 가해자를 더욱 자극하기 때문입니다.

위 대답은 괴롭힘이 시작된 원인에 관심을 기울이고 있지만 괴롭힘을 점점 키우는 원인은 살피고 있지 않습니다. 그런데 우리가 괴롭힘을 당하는 아이와 함께 맞서야 하는 것은 바로 이렇게 문제가 있는 상호작용을 지속시키는 조건입니다. 만약 이 대답이 틀린 것이라면 아이는 머잖아 그 사실을 간파할 것입니다. 그리고 거짓말을 해가면서 자신을 보호하려는 어른을 더는 믿지 않을 것입니다.

흔히 들을 수 있는 이 질문에 도움이 되는 유일한 답은 바로 다음과 같습니다.

"그건 괴롭히는 아이가 힘과 인기를 높일 방법이기 때문이야. 그래서 너를 괴롭히는 아이는 지금으로서는 괴롭힘을 멈출 만한 이유가 전혀 없는 거지."

저는 괴롭힘을 당하는 어린이와 청소년들에게 초콜릿 자판기의 비유를 들어 설명해주곤 합니다. 가해자가 동전을 하나 집어넣으면, 달콤한 것을 얻습니다. 동전을 하나 더 넣으면 또 달콤한 것이 생겨나는데 과연 멈출 이유가 있을까요?

또한 이 대답은 이런 시스템이 아이의 외모, 결함, 약점과는 전혀 관련이 없으며, 그저 괴롭힘을 당하는 아이와 가해자 사이에 형성된 관계와만 관련이 있다는 의미도 품고 있습니다. 이 사실을 아이에게 명확히 밝히는 일이 중요합니다. 그렇기에 섬세하고 멋진 그 누구라도 언제든 피해자가 될 수 있으며, 그래서 운이 없게도 그 사람에게 그런 일이 벌어지는 것이라고 말입니다.

우리는 피해자의 도움을 받아, 가해자의 입장에서 이런 메커니즘이 더 이상 작동하지 않는 효과적인 해결책을 찾아낼 것입니다. 그렇게 해서 우리는 자판기 입구를 막는 것이지요. 설령 가해자가 자판기를 발로 걷어찬다고 하더라도, 아픈 것은 바로 가해자입니다.

아이들 사이에서
인기란 무엇인가요?

　인기는 중요한 개념입니다. 우리가 초등학교나 중학교에서 보는 수많은 행동을 잘 설명해주기 때문입니다. 인기를 향한 욕구가 없었다면 이런 행동들은 언뜻 보기엔, 특히 어른들의 눈에는 완전히 비합리적이라 느껴질 것입니다.

　우리가 만나는 어린 환자들 얘기에 따르면 인기는 일종의 카리스마에서 생겨납니다. 어떤 청소년들은 자기 주위에 수많은 아이를 끌어들이는데, 이 아이들은 그 무리를 따른다는 사실 그 자체를 통해 사회적으로 이득을 봅니다. 이렇게 인기 많은 아이와 가까이 지낸다는 사실은 추종자들을 안심시키고 또래들이 보기에 어떤 가치를 이들에게 부여해주지만, 동시에 '더 이상 여기에 끼지 못할' 수도 있다는 생각 때문에 자주 불안을 야기하기도 합니다.

이런 현상은 어른들이 소셜 네트워크에 포스팅을 올렸을 때 페이스북이나 인스타그램에서 받으려고 하는 '좋아요' 시스템과 견줘볼 수 있습니다. 인기 있는 사람과 팔로워들 사이에 실제로 연결점이 있다는 뜻이 아니라는 점에서 말입니다. 따라서 이 가상의 연결을 통해 진정한 우정이 생겨나는 것이 아니라, 완전히 상대적인 관계적 안정성이 만들어진다고 볼 수 있습니다. 이 안정성은 어떤 면에서는 바로 그 인기를 보유한 사람의 선의에 기대고 있기 때문입니다.

지금의 부모들은 인기와 같은 자질이 이전 세대보다 자신의 아이들 세대에게 더 중요하게 여겨진다는 데 의견이 일치합니다. 이는 지금의 청소년들이 인기에 부여하는 중요성과 무관하지 않습니다.

심지어는 한 학생을 설명할 때 '인기 있다'라는 말 자체도 10년 전쯤부터는 초등학생들 사이에서 더 이상 쓰이지 않고 있습니다. 중학교에서는 이 얘기를 아예 꺼내지 않는 것이 훨씬 세련된 방식입니다. 실제로 그런 현상은 초등학교보다 훨씬 더 강력함에도 말입니다.

초등학교나 중학교에서 인기 있는 아이의 유형은 두 가지인데, 서로 극단적으로 다릅니다.

첫 번째 유형은 제법 드문 경우로, 전혀 뜻하지 않게 특수한 방식으로 인기가 생긴 경우입니다. 청소년들의 기준으로 본다면 장점을 많이 가지고 있는 경우입니다. 신체적인 특징이 있거나(특히 예쁘지 않은 여자아이라면 청소년들의 기준으로 볼 때 '최소한' 옷을 아주 잘 입을 것입니다), 또래들이 성숙하다고 여길 만한 너그러운 성품을 지녔거나, 자조적인 태도와 연관이 있는 일종의 융통성이 있거나, 과하지 않게 똑똑한 경우일 수도 있습니다. 흔히 우리가 '다이애나 왕세자비' 유형의 인기인이라고 부르는 이런 아이들은 인기가 없는 아이들에게 얼마든지 말을 걸 수 있으며, 고통을 받을 일도 없고, 이들이 지닌 인기의 징표는 어떤 공격을 받아도 약해지지 않고 그대로입니다.

그리고 우리가 '넬리 올슨'* 유형의 인기인이라고 부르는 두 번째 유형은 수가 훨씬 더 많습니다. 이 유형은 자신의 추종자들과 교실과 교정에서 벌어지는 사회 게임의 관객들에게 두려움을 유발해 인기를 끌어냅니다. 전략적이고, 직관적이고, 관계를 쉽게 맺고, 주로 웃긴 경우가 많은 이 유형은 또래 중 누구에게나 언제든 사회적인 죽음을 결정할 힘이 있습니다.

● 1974년에 방영된 미국 TV 드라마 〈초원의 집〉 시리즈에 나오는 아주 못된 등장인물의 이름이다.

가해자의 동기는
무엇인가요?

괴롭힘 가해자는 대개 인기 있는 아이들 가운데 두 번째 유형에 해당합니다.[29] 모든 학생 또는 거의 모든 학생과 마찬가지로, 혼자 벤치에 앉아 문자를 보내는 척을 하게 될까 봐 불안해하는 가해자는 보여주기식으로 못되고 무섭게 굴겠다고 마음을 먹습니다. 또는 두 번째 유형에 속하는 인기 있는 학생의 주변인이 가해자가 될 수도 있습니다. 그 학생의 오른팔 역할을 하면서 말입니다.

첫 번째 경우에 가해자의 동기는 바로 자신의 힘을 집단 전체에, 특히 자신과 가까운 주변인에게 보여주는 것입니다. 만약 첫 시도가 실패한다면, 다시 말해 피해자로 선정한 아이가 동요하지 않거나 가해자를 불편한 상황에 곧바로 빠뜨릴 경우, 가해자는 더 이상 고집을 피우지 않고 아무런 반응을 하지 않거나 과도한 반응을 하며 자신의 목적에 더 잘 부합하는 다른 먹잇감을 찾으러 나섭니다.

심지어 가해자가 맨 처음 모욕을 주려고 시도했을 때 다른 학생들, 특히 첫 번째 유형에 속하는 인기 있는 학생들이 상황에 개입해서 피해자를 방어한다면 가해자는 역풍을 맞을 수도 있습니다. 여기서 가해자는 동요하거나 어쩌면 공격을 단념할 수도 있습니다. 이렇게 보호받은 아이는 곧바로 인기를 인정받는데, 이 인기가 가해자에게 위협이 될 수 있기 때문입니다.

반대로(대체로 이 경우에 해당합니다. 넬리 올슨 유형의 인기 있는 아이는 학교에서 가장 취약하고 외로운 아이들 가운데 표적을 고르는 법을 알기 때문입니다) 첫 번째 괴롭힘 시도를 할 때부터 피해자 아이의 무력함이나 고립 상태를 감지하고 공격을 통해 이를 확신할 경우, 가해자는 이 먹잇감을 빨리 놓아주지 않을 것입니다. 이 먹잇감이 가장 좋은 선택지라고 생각할 것이기 때문입니다.

한편 인기 있는 아이의 '오른팔'이 가해자인 경우는 '우두머리'에게 자신의 능력을 보여주려고 괴롭히는 경우가 많습니다. 그렇게 해서 인기 있는 아이의 무리 안에 더 확고하게 뿌리를 내리기 위해서 말입니다.

어떤 경우든 괴롭힘을 당한 어린 환자들은 아주 조금의 관객도 없이 학교나 유치원에서 괴롭힘이 일어나는 법은 없다고 우리에게 이야기합니다. 따라서 가해자가 피해자에게 악착같이 덤벼드는 이유는 내재적인 공격성을 충족하기 위해서가 아니라 자신의 권력을 다지기 위해서입니다. 첫 번째 유형의 인기 있는 아이들처럼 힘을 확립하는 법을 모르기 때문입니다.

가해자가 가장 많이 노리는
피해자의 특징은 무엇인가요?

피해자의 취약함이 드러나고, 그런 다음 피해자가 효과적인 대응을 하지 못한다는 사실이 확인된 시점부터는 어떤 특징이든 가해자가 이용하기 좋다고 말할 수 있습니다. 그렇지만 우리가 조사한 표본을 살펴보면 초등학교와 중학교는 괴롭힘의 소재가 상당히 다른 반면, 중학교와 고등학교는 크게 다르지 않은 것으로 드러납니다.

초등학교에서 아이들이 자주 이야기하는 괴롭힘은 순서대로 거절, 고립, 다른 아이들과 노는 것을 방해하는 일입니다. 어쩌다 한 번 일어나는 일이든, 거의 항상 일어나는 일이든 간에 말입니다. 어떤 초등학생들은 다른 아이가 위협적인 시선을 보내기만 해도 무서워하기도 합니다. 그중 고립의 한 가지 변형 사례를 소개하면 바로 초등학생들이 흔히 몰두하는

'전염 놀이'라고 부르는 것이 있습니다. 희생양으로 선정된 아이를 보면 두려워하는 시늉을 하거나 비명을 지르면서, 마치 희생양이 전염성이 높은 질병에 걸리기라도 한 것처럼 희생양이 건드린 장소를 지나가면서 살충 스프레이를 뿌리는 시늉을 하는 놀이입니다.

제가 보기에 이 놀이는 인기가 없다는 것이 어떤 의미인지 아주 정확하게 보여주는 은유 같습니다. 친구가 없는 아이에게는 아무도 친구가 되어주려 하지 않는 것입니다. 안타깝게도 우리는 혈우병이나 암처럼 심각한 질병에 걸린 아이를 대상으로 이 놀이를 하는 모습을 자주 보았습니다. 그건 놀이가 아니라 어린 환자들이 이미 겪고 있는 날선 고통을 더욱 증폭시키는 폭력 행위였습니다.[30]

또 다음과 같은 말들도 접할 수 있습니다. "너는 아무런 쓸모가 없어." "네가 여기서 할 일은 아무것도 없어." 그리고 신체, 옷차림, 이름이나 성을 조롱하는 말, 나쁜 결과를 빈정거리는 말 등이 있습니다.

6학년부터는 공격 대상으로 삼는 주제가 늘어나고 복잡해집니다. 잔인함이라는 영역에서 따져보면 중학생들의 창의성은 한계가 없다는 느낌을 받을 정도입니다. '피해자'라는 말은 단연코 2~3년 전부터 가장 많이 쓰이는 모욕입니다. 이는 피해자 학생의 약한 위치 또는 약한 태도가 얼마나 가해자 학생의 괴롭힘을 부추기는지 보여줍니다. 또한 욕설, 특히 어머니와 관련된 욕설이 많이 쓰이며 이는 가해자가 취할 수 있는 잠재적인 목적이나 태도를 고조시킵니다.

때려서 협박하는 일도 아주 많이 일어납니다. 특히 남자아이들 사이에서 말입니다. 자살을 부추기는 언행이 처음 시작되는 것은 6학년부터입니다. 오프라인이나 소셜 네트워크, 특히 SMS를 통해서 많이 일어납니다.

고등학교에서는 소셜 네트워크를 사용하는 일이 늘어나는데 '불법 촬영물',* 사적인 사진 퍼뜨리기, 피해자를 조롱하거나 페이스북 또는 스냅챗으로 신분을 사칭하기, 그 밖에 평판을 떨어뜨리려는 모든 행동이 여기에 해당합니다.

● 개인의 동의 없이 성적인 사진이나 동영상을 공유하는 행동으로 주로 이별 이후에 일어난다.

다른 아이들이 개입하지 않는
이유는 무엇인가요?

　중요한 질문입니다. 프랑스에서는 한 아이가 다른 아이들에게 학대당하는 상황을 모든 중학생이 적어도 한 번은 목격한 것으로 추산하고 있기 때문입니다. 게다가 이는 최근에만 일어나는 현상도 아닙니다. 성인들 역시 어린 시절에 이와 같은 상황을 맞닥뜨린 적이 있으며 그런 경험을 기억합니다. "그때는 심각한 일이라고 생각하지 못했는데 '돌이켜 생각해 보니' 아무런 행동도 하지 못했던 게 안타까워." 이들은 당시에는 죄책감보다 두려움이 훨씬 컸다는 사실을 잊은 겁니다. 시간이 흘러 죄책감은 다시 고개를 드는 반면, 위험은 사라졌기 때문이죠.

　실제로 우리가 찾아가는 초등학교나 중학교에서 바로 이 질문, "누군가가(너희들이 아는 사람이건, 모르는 사람이건 간에)

괴롭힘을 당하는 모습을 봤을 때 어째서 개입을 못 하는 걸까?"라는 질문을 (죄책감을 불러일으키지 않는 방식으로) 던지면 여기저기서 진심 어린 대답이 터져 나옵니다. "무서우니까요. 다음에는 제가 표적이 될까 봐 무섭고, 피해자를 지켜주는 게 부끄러운 일이 될까 봐 무섭고, 혼자가 될까 봐 무서워요."

완전히 이해할 수 있는 두려움입니다. 엄청나게 인기가 많은 청소년이 아닌 이상, 이런 태도는 실제로 아주 위험하기 때문입니다. 이렇게 지켜주는 아이에게 닥칠 위험을 최소화하려 노력하고 있다는 어른들의 말은 거짓말일 것입니다. 학생들은 이런 말에 속아 넘어가지 않습니다. 전반적인 사회 분위기나 교육자, 가족들은 개입해야 한다고 자주 부추기지만 그래도 아이들은 행동에 나서지 않습니다.

이런 점은 중학교에서 더욱 명확하게 드러납니다. 목격자인 아동에게 어떤 이유로 개입하지 못하는지 개별적으로 질문을 던지면 아이들은 대체로 이렇게 대답합니다. "잃기만 하고 아무것도 얻지 못하니까요. 제가 잃는 건 이런 거예요. 제가 괴롭힘을 당하는 아이가 아니라면 평온한 학교생활을 잃겠죠. 제가 개입해봤자 소용이 없을 것이고, 아니면 제가 더 심하게 괴롭힘을 당할 거예요. 제가 얻을 건 어른들의 평가뿐이죠. 더 무슨 말씀을 드릴 수가 있겠어요?"

제가 보기에 다른 아이들이 개입하기를 바라는 것은 분석상의 오류입니다. 이는 우리가 인기 증후군이라 부를 수 있는 것을 지나치게 축소합니다. 그런 동시에 중학생 공동체의 공감 능력과 동정심을 지나치게 낙관적으로 바라봅니다. 공감 능력과 동정심은 고등학교에서 다시 고개를 들지만, 중학교 시기에는 거의 없다시피 합니다.

바로 이런 이유로, 저는 일부 학교에서 시행한 '관찰과 호소 Sentinelles et Référents' 프로젝트의 효과에 대해 상당히 회의적입니다(지금으로서는 평가 대상이 아닙니다). 자발적인 참여를 바탕으로 삼는 이 프로그램은 괴롭힘 피해자와(피해자에게 가서, 피해자를 혼자 두지 말고, '끄집어내기') 목격자 모두에 대한 이중 임무를 부여받은 학생들이 개입하도록 만듭니다. 목표는 목격자들이 피해자의 고통을 깨닫고, 그다음 어른에게 괴롭힘을 알려 어른들이 가해자에게 개입하도록 만드는 것입니다.

어린이들의 수많은 목격담에 따르면 이 프로젝트는 대개 다음과 같은 어려움에 봉착합니다. 배신자, 즉 '고자질쟁이' 취급을 받을지 모른다는 두려움 때문에 피해자의 눈에 효과적인 중계자로 여겨질 만한 그 어떤 여지도 주지 않는다는 것입니다. 목격자들이 피해자를 보호하기 위해 개입하는 것을 막는 가장 큰 원인이 '두려움'인 이상, 단순히 목격자들의 공감 능력에 호소하는 것은 별로 생산적인 방법이 아닙니다.

가해자라고 오해받을 수도 있을까요?

그렇습니다. 괴롭힘 또는 괴롭힘이라고 불리는 일의 사실 관계를 분석하는 것은 일부 장면이나 전체적인 상황만 분석하는 게 아니라 어른들의 왜곡된 정의에 따른 인식도 고려해야 하기 때문입니다. 그렇게 되는 까닭은 전체 상호작용이 그 순간에는 이미 존재하지 않기 때문입니다. 특히 아이가 상황을 불러일으킨 원인을 '잊어버린 채' 당시 일어났던 일들을 부모에게 이야기할 때 이런 경우가 생겨납니다.

이 상황에서 배제된 아이에게는 부당한 일입니다. 그런 아이들은 자신이 합당하게 인식한 이런 적대적인 소외에 대해 언어적으로든, 물리적으로든 난폭하게 반응하는 경우가 많습니다. 그리고 바로 이런 아이들을 사람들은 괴롭힘 가해자라고 오해합니다.

논리적으로 생각해본다면 폭력을 당한 아이는 선생님과 부모에게 불평을 쏟아내러 갈 것입니다. 그렇지만 아이들과 어울리지 못한 아이가 이 사실을 밝히지는 않습니다. 특히 유치원이나 초등학교에 다니는 아이라면 어떤 일이 벌어졌는지를 설명하기가 어렵습니다.

이런 식으로 공격적으로 굴었다는 '평가를 받은' 아이에게 벌이 내려지면, 아이는 자신의 행동을 변호하려 하는 게 아니라 화가 치솟고 부당하다는 생각에 사로잡힙니다. 고립되었던 일과 제 뜻을 표현하지 못해서 생겨난 고통은 아무도 헤아려주지 않기 때문입니다. 따라서 아이는 공격적인 행동을 계속하게 되고, 교실뿐 아니라 학교에서 일어나는 온갖 나쁜 일의 원흉처럼 취급을 받습니다. 심지어는 (아이들까지 포함해) 교육 공동체 전체가 그 학생을 가해자라고 단정 지으며, 그 아이가 공동체 안에 있는 이상 모든 게 안 좋아질 것이라고 여기기도 합니다.

메드히에게 일어난 일도 그랬습니다. 다른 마을에서 전학을 온 메드히는 어느 작은 마을의 초등학교 4학년 교실에 들어갔습니다. 반 아이들은 유치원 때부터 알고 지내던 사이였기 때문에 메드히가 놀이에 끼기가 무척 어려웠습니다. 처음에 메드히가 같이 놀자고 했을 때 아이들이 거절하자, 메드히는 아이들을 때리거나 공을 빼앗았습니다. 메드히는 벌을 받았고 학교장은 메드히의 부모를 호출했습니다. 사람들은 메드히에게 차분하게 굴고 좋은 모습을 보여주라고 했습니다.

소용없는 일이었습니다. 메드히는 좋은 모습을 보여주는 것이 아무런 효과가 없다는 사실을 경험으로 알고 있었기 때문입니다. 처음에 메드히는 같이 놀자고 상냥하게 부탁하며 이미 수없이 시도했습니다. 하지만 소용이 없자 반대로 해야겠다고 결정했던 것입니다. 부탁하는 것은 그만두고, 무리에 끼고 싶을 때면 매번 힘으로 강요하려고 했습니다.

아이들이 학교에서 폭력에 시달린다는 하소연을 듣고 흥분한 부모들은 메드히의 행동을 '조금 더 엄격하게' 단속해주길 교장에게 요청했습니다. 메드히는 사흘 동안 정학 처분을 받았고, 이는 메드히의 공격성과 고립을 심화시켰습니다. 우리를 찾아왔을 때 메드히는 의기소침한 채로 소파에 앉아 온 세상을 향한 분노에 차 있었습니다. 메드히를 온순하게 만들고 모든 사람이 만족할 만한 해결책을 찾기까지는 제법 기간이 필요했습니다.

그렇기에 이런 식으로 비난이 다시 폭력을 부르는 일을 막으려면 처음부터 사실관계를 잘 묻고 확인하는 일이 필수적입니다.

형제자매 중 괴롭힘을 당하는 것은
맏이인가요, 동생인가요?

우리의 표본을 살펴보면 학교에서 괴롭힘을 당하는 것은 대부분 맏이거나 외동인 아이들입니다. 더 정확히 얘기하자면 맏이인 경우가 38퍼센트, 외동인 경우가 22퍼센트로 또래와 교류한 경험이 없는 총 60퍼센트의 아이들입니다.

이는 상당히 논리적인 귀결입니다. 실제로 맏이거나 외동인 아이는 처음 탁아소나 유치원에 가기 전까지는 다른 형제자매와 함께 사는 또래 아이보다 또래와 상호작용이 적습니다. 당연히 상호작용에 덜 익숙하고, 상대적으로 순진할 수밖에 없습니다(굳이 애를 쓰지 않아도 자신을 소중하게 다뤄주는 부모 때문에 뜻하지 않게 순진한 경우가 많습니다). 이런 순진함이 '일단' 아이를 무척 취약하게 만듭니다.

따라서 아이는 모든 사람이 자신을 좋아하거나 중요하게

대접할 것이라는 잘못된 생각을 품고 무리에 들어갑니다. 처음으로 공격이 일어날 때면(장난감을 훔치거나, 미끄럼틀을 타려고 줄을 서 있는데 새치기를 하거나, 일부러 또는 무심코 몸을 떠미는 등) 아이는 '기본적으로' 응수하거나 자신의 것을 지켜낼 준비가 갖춰져 있지 않은 상태입니다. 하지만 그렇다고 해서 대부분 맏이나 외동인 아이가 대응하는 법을 빨리 배우지 못한다는 의미는 아닙니다. 그렇지만 실제로 부딪히고 겪는 과정을 거쳐야만 배울 것입니다.

깜짝 놀라거나 상처를 입은 경우 아이들은 이 새로운 상호작용 방식에 잘 적응하지 못하고 혼자서 움츠러드는 쪽을 택합니다. 그렇게 되면 인기를 얻으려는 아이들이 흥미를 품을 만한 표적이 될 것입니다.

또 다른 경우 아주 무력한 아이들은 곧바로 부모에게 도움을 요청하러 갈 것입니다. 부모는 아이를 돕고자 서둘러 달려올 텐데, 그렇게 하면 아이들 스스로 자신의 것을 지키는 능력을 키울 좋은 기회를 빼앗게 됩니다.

반대로, 형제자매 가운데 막내인 아이는(막내가 다른 형제자매와 나이 차이가 커서 그와 같은 위치 덕분에 이득을 많이 보는 경우는 예외입니다. 이는 외동인 아이의 경우와 비슷하다고 할 수 있습니다) 또래와 어느 정도는 거친 방식으로 관계를 맺을 기회가 있습니다. 그리고 실제로도 훨씬 더 대비를 잘합니다. 막내인 아이들은 형제자매와의 관계 속에서 이미 자신의 것을 지키는 상당수의 전략을 다듬고 실행했기 때문입니다.

가해자 부모의
전형적인 유형이 있나요?

괴롭힘 가해자 아동의 부모는 상담을 받으러 찾아오지 않습니다. 거의 10년 가까이 현장에서 일하면서 부모 수천 명의 사례를 접했지만, 자신의 아이가 다른 아이들을 괴롭히는 것을 멈추게 하고 싶다며 상담하러 찾아온 경우는 단 한 건뿐이었습니다. 이 사례가 대표성을 지니지는 않지만 그 부모는 타인에 대한 존중, 친절함, 관용이라는 측면에서 극도로 우려스러운 면모를 보여주었습니다.

전형적인 유형이라고 말하기보다는, 자녀가 다른 아이를 괴롭혔다는 소식을 들었을 때 부모가 취하는 반응의 유형이라고 표현하는 편이 나을 것입니다. 이 유형을 정리하고자 우리는 괴롭힘을 당한 아이 부모의 증언을 참고하는 것으로 만족해야 했습니다. 그렇지만 이 증언 역시 주의를 기울여야 합니다. 슬픔과 분노를 품고 있는 경우가 많아서, 어쩌면 객관적이지 않은 설명을 했을 수도 있기 때문입니다.

수많은 증언에 따르면 자신의 아이가 괴롭힘 가해자일지도 모른다는 소식을 들었을 때 부모들이 보이는 반응은 주로 다음 세 가지 유형으로 나뉩니다(아무런 효과가 없는 세 가지 반응 유형이기도 합니다. 이들이 상담을 받으러 찾아오는 까닭은 그렇게 반응했을 때도 괴롭힘이 지속되었기 때문입니다).

- 자신의 아이에게 '화'를 냅니다. 대체로 괴롭힘은 부도덕하고, 피해자에게 심리적으로 위험한 일이며, 벌을 받을 수도 있다는 말이 뒤따라 나옵니다. 자신이 한 일이 나쁘다는 것을 깨닫도록 아이의 동정심에 호소하는 경우가 많습니다. 대개는 벌을 줍니다.
- 많은 부모가 자녀의 괴롭힘 사실을 '부정'합니다. "우리 애는 제가 잘 아는데, 못된 애가 아니에요. 우리 애는 그런 행동을 할 리가 없어요"라고 말합니다. 또는 피해자의 부모에게 이렇게 말합니다. "상황이 그렇게 간단하지는 않을 텐데요. 그쪽 아이가 정말로 아무 잘못 없는 게 확실한가요?" 이런 태도는 첫 번째 반응이 아무런 효과가 없고, 피해자 부모가 가해자 부모에게 더 강한 교육적 조치를 해달라며 계속 불만을 제기할 때 거의 항상 등장합니다.

• 괴롭힘에 대해 '무심'하거나 심지어는 '암묵적인 가치 부여'를 합니다. "아이들끼리 싸우는 건데요, 뭐. 우리 아이가 당한 게 아니라서 다행이네요. 그랬다가는 평생 남을 테니까요."

심리학자 단 올베우스가 실시한 연구에 따르면 아이들이 괴롭힘을 저지르는 데는 부모의 행동과 관련된 세 가지 요소, 즉 무심함, 열의 부족, 교육에 개입하지 않는 태도가 영향을 끼칠 수 있습니다. 그래서 대개는 아이가 공격적인 행동을 할 때 자유방임적인 태도를 보입니다. 벌을 주는 경우 신체적인 처벌이 우세하다는 점은[31] 대부분 부모가 세 번째 반응 유형에서 설명한 태도를 보인다는 점을 암시합니다.

피해자 부모의
전형적인 유형이 있나요?

아이들을 극단적으로 보호하는 부모들은 의도치 않게 자신의 아이를 취약한 상태에 빠뜨릴 수 있습니다.[32] 이와 같은 과보호는 잠재적인 가해자 한 명 또는 무리가 아이를 훨씬 쉽게 잠재적인 먹잇감으로 삼도록 만듭니다.

특히 과거에 학교에서 괴롭힘을 당했던 부모들이 이러는 경우가 많습니다. 이는 얼마든지 이해가 됩니다. 자신의 아이도 똑같은 시련을 겪을 수도 있다는 생각에 두려워하는 부모들은 아들이나 딸이 관계 속에서 겪는 모든 경험을 극도로 자세히 살펴보고, 아이가 생일 파티에 초대를 받는지, 주변에 사람들이 많은지, 사랑을 많이 받는지에 신경을 씁니다. 그리고 사랑을 가득 품고 개입하곤 하지만 굉장히 어설픈 경우가 많습니다. 그래서 또래들의 심술궂은(실제로 확인되었든 아니든 간에) 행동에서 아이를 지키지 못하고 오히려 아이의 취약함을 만들어내거나 강화합니다.

대체로 이런 부모들은 아이의 생일 파티에 최대한 많은 아이를 초대하는데, 사실상 거의 아무도 오지 않을 때가 많습니다. 여기서도 마찬가지로 아이와 부모의 고통이 이어지는 극단적인 악순환이 일어날 수 있습니다. 아이가 또래들에게 거부당할수록, 부모는 상황을 개선하려고 하면서 사태를 악화시키기 때문입니다.

매일 아이에게 친구 관계가 괜찮았는지 물어보는 단순한 행동도 어쩌면 전에는 없었던 염려를 아이에게 심어줄 수 있습니다. 자신이 사람들에게 사랑을 받지 못할까 봐 걱정하는 부모의 눈빛에 아이는 자신의 사회적인 능력을 우려하며 사랑을 받기 위해 여러 방법을 시도할 것입니다.

하지만 대부분 알다시피 사랑받기 위해 갖은 애를 쓰는 사람들은 관계 속에서 극도의 취약함을 드러내기에 오히려 정반대 반응을 불러일으키는 경우가 많습니다. 우정을 지나치게 대놓고 간청하는 아이는 초등학교나 중학교에서 종종 거부당하곤 합니다.

예를 들면 이 아이들은 선물로 다른 사람의 환심을 사려고 하거나, 마음에 들고 싶은 사람의 아주 사소한 욕망에 굴복하거나, 예전에 우리가 만난 어린 환자의 경우처럼 인기가 많은

아이의 생일 파티에 참석하고자 가짜 생일 초대 카드를 만들기도 합니다.[33]

　한편 가족들에게서 버림받았다고 생각해 아주 취약한 상태에 놓인 아이는 평균적인 아이들보다 괴롭힘을 당할 위험도 더 큽니다.●

● 2014년 유니세프 조사 〈프랑스 청소년의 큰 불안〉에 따른 것이다.

괴롭힘이 전혀 일어나지 않는
학교도 있나요?

몇몇 교장 선생님들은 자기가 있는 중학교나 초등학교에서는 괴롭힘 문제가 전혀 없는 것처럼 주장하기도 합니다. 하지만 이런 단언은 어른들이 부재할 때 학생들 사이에서 일상적으로 벌어지는 일들에 관한 몰이해에서 비롯된 것입니다.

실제로 어떤 학교들은 괴롭힘 가해자를 향한 엄격함, 감시, 수많은 제재를 앞세워 자기네 학교에서 괴롭힘 사건이 일어나는 것은 사실상 불가능하다고 이야기하기도 합니다. 하지만 이는 온갖 통제를 빠져나가는 중고등학생들의 놀라운 창의력을 간과하는 것입니다. 이들의 창의력은 통제가 엄격할수록 더 크게 증폭되는 경향이 있습니다. 그래서 아주 엄격하고 통제가 강한 학교에서 교육자 모두가 놀랄 만큼 교묘하고 잔인한 괴롭힘이 발견되곤 합니다. 저는 1년에 100여 개의 학교를 대상으로 강연을 하고, 이 주제에 관해 학교 전담 상담사, 심리학자, 보건 교사들을 교육해오면서 이와 같은 문제가 전혀 없는 학교는 한 번도 본 적이 없습니다.

어떤 부모들은 아이를 전학시키면 괴롭힘이 멈출 것이라고 생각합니다. 이제 막 새로 다니는 초등학교나 중학교에는 '못된' 아이들이 없을 것이라 생각하기 때문입니다. 확실히 인정하고 넘어가자면, 이 해결책이 효과를 내서 괴롭힘이 종종 사라지기도 합니다. 실제로 괴롭힘이 전혀 없는 학교는 없다고 할지라도(그 이유는 어른들에게 알려지지 않은 수많은 괴롭힘 사건이 있기 때문입니다) 어떤 학교들은 괴롭힘 피해자가 이런 악순환에서 벗어나도록 도움을 줄 수 있는 학교 관계자(학교 전담 상담사, 교육 조교, 보건 교사, 교내 심리 상담사)들을 두어 괴롭힘을 줄이고자 합니다.

그러나 안타깝게도 대부분은 전학을 간다고 해도 아무것도 달라지지 않습니다. 그리고 새로운 괴롭힘이 일어납니다. 괴롭힘을 당하는 것은 취약한 아이들이라는 원칙을 떠올려보세요.[34] 가장 취약하고 표적이 될 만한 아이는 바로 그렇게 절박한 심정으로 모든 일이 잘 흘러가기만을 바라는 '새로운 아이'가 아닐까요? 부모와 아이가 완전히 무력한 상태로 도피를 선택한 이상, 이 아이는 잠재적으로 발생할 수 있는 새로운 괴롭힘에 맞서는 법을 전혀 익히지 못한 것입니다. 따라서 펠러앨토 학파의 실천가들이 보기에 새로운 학교에서 괴롭힘이 반복되는 것은 안타깝지만 논리적인 귀결입니다.

피해자 아동뿐 아니라 모든 사람이 환경이 달라지면 효과가 있을 것이라며 너무 낙관적으로 생각했던 만큼, 이런 괴롭힘은 한층 고통스러울 것입니다. 실패를 새롭게 확인하게 되면 아이는 자신감에 큰 상처를 입게 됩니다. 이는 기대했던 결과와는 정확히 반대의 결과입니다.

괴롭힘을 한 번도 겪어보지 않은
아이들도 있나요?

앞서 불과 6퍼센트의 아이들만 괴롭힘을 당한 적이 있다고 밝혔으며, 상당수 피해자가 침묵을 지키는 편을 택하기 때문에 학교 폭력과 관련된 수치는 과소평가되었을 가능성이 크다고 했습니다. 하지만 괴롭힘을 겪는 어린이와 청소년은 여전히 소수입니다. 학창 시절에 괴롭힘을 전혀 겪어보지 않은 아이들의 수가 훨씬 많습니다. 이렇게 '취약하지 않은 상태'를 만들어내는 원인은 여러 가지입니다. 그중 하나를 청소년 환자 한 명이 제법 잘 설명해주었습니다. "못되게 굴 수도 있다는 걸 누구나 아는 아이들이 바로 그런 아이들이에요."

인기를 얻으려는 가해자는 자신이 괴롭혔을 때 이런 성격을 드러낼 법한 유형은 건드리지 않을 것입니다(그리고 청소년들은 또래의 취약함이나 힘을 판별하는 아주 예리한 레이더를 가지고 있습니다). 가해자들은 어떤 일이 벌어지건 간에 자신을 지킬 능력이 없다고 생각되는 아이들 사이에서 표적을 고르는 쪽을 택할 것입니다.

극명한 사례는 바로 물리적으로 얻어맞는 것이 두려워 이를 은연중에 드러내는(갈등이 일어나면 거리를 둔다거나, 공격을 당하면 시선을 아래로 내린다거나, 자신을 공격하는 호전적인 아이를 대하는 일을 피하고자 도서실이나 보건실로 피하는 등) 아이의 사례입니다. 한 번도 괴롭힘을 당한 적 없는 아이들이 '선험적으로' 취하는 태도는 분명 일종의 힘을 품고 있어, 어느 정도는 무기처럼 이 아이들을 보호해줍니다.

또 이 아이들이 딱히 특정한 태도를 보이는 것은 아니기에 이미 조롱을 당하거나, 밀쳐지거나, 모욕을 당한 경험이 있을 수도 있습니다. 그렇지만 이 아이들 대부분은 가해자 한 명 또는 집단이 괴롭히려는 시도를 다시 못 하게끔 만드는 방식으로 대응합니다. 실제로 본격적인 괴롭힘에 앞서 어떤 시도나 반응이 일어나는 이상("짓궂은 별명으로 부른 다음에 피해자가 어떻게 반응하는지를 봐요. 어떤 반응을 하는지에 따라 멈추거나, 점점 더 심하게 계속하거나 해요.") 이런 과정을 초기에 멈추도록 만드는 행동이 무엇인가를 질문해볼 수 있습니다.

여기서 도입되는 것이 바로 '자조'라는 개념입니다. 이는 모든 종류의 유사한 상호작용을 막을 수 있는 대단히 흥미로운 특성이지만, 취약함이나 예민함이 큰 어린이와 청소년들에겐 부족한 특성입니다. 실제로 가해자의 공격에 자조적인 태도로 대응하는 사람에게 고통을 안겨주기란 매우 어렵습니다. 마치 먹잇감이 뱀장어처럼 빠져나가서 붙잡지 못하는 것과도 같지요. 용기 역시 아이들이 괴롭힘을 당하지 않게 해주는 또 다른 특징입니다.

피해자가 가해자가
될 수도 있나요?

괴롭힘을 당한 아이가 고통이 쌓여 생긴 화근을 막지 못해 폭력으로 탈바꿈하는 경우도 종종 있습니다. 21세기 초부터 미국 고등학교에서 연달아 일어난 대규모 학살 사건을 분석하면,[35] 학살의 용의자가 과거 청소년 시기에 고립되었거나 놀림을 당하거나 괴롭힘을 당한 경우가 많았다는 사실을 주변 학생들의 이야기에서 확인할 수 있습니다.

물론 반드시 그렇다는 것은 아닙니다. 대개 과거의 괴롭힘 피해자가 분노를 돌리는 대상은 주로 자기 자신입니다. 수치심, 스스로에 대한 환멸, 죄책감이 뒤섞인 감정 때문에 여러 측면에서 평온한 삶을 영위하는 데 방해가 됩니다. 특히 괴롭힘 상황에서 자신의 힘으로 빠져나오지 못한 경우에는 더욱 그렇습니다.

예를 들어 어른들의 개입 덕분에 괴롭힘이 멈췄다면 피해자 아이는 자신이 나약하다는 생각을 품고 평생을 살아가게 됩니다. 실제로 그런 상황이 벌어질 때는 제3자에게 개입하도록 요청하는 것 말고는 다른 해결책이 없습니다. 피해자가 학습한 방법은 그것뿐이기 때문입니다.

이처럼 낮은 자존감은 괴롭힘 가해자가 되는 데 영향을 끼치는 자질이 아닙니다. 단 올베우스가 1989년부터 언급한 것처럼 다음과 같은 이유에서입니다. "수많은 조사를 통해 그리고 다양한 방법을 통해, 나는 괴롭힘 가해자들은 가짜로 자신만만한 모습을 꾸며내지만 그 뒤에는 불안정한 모습이 있다는 일반적인 주장을 시험해봤다. 결과는 이 가설과 정확히 반대였다. 가해자들은 고민이나 불안정함이 별로 없었다. 아무튼 평균적인 또래에 비해 더 심한 수준이 아니었다."[36]

반대로, 당연한 얘기지만 과거에 괴롭힘을 당한 아이일수록, 자신이 지닌 자원을 활용해 괴롭힘에서 빠져나오도록 도움을 받지 못했던 아이일수록 상황에 개입할 수 없어 침묵을 지키는 목격자가 됩니다. 그 모든 괴롭힘이 다시 벌어질 수 있다는 두려움이 여전히 남아 있고, 이런 두려움 때문에 다른 아이들보다도 훨씬 더 경직되는 것입니다. 자기 앞에서 학대를 당하는 아이의 고통을 그 누구보다 잘 알고 있기 때문에 아이의 내면에서는 아주 고통스러운 싸움이 벌어질 수 있습니다.

이와 달리 도움을 받아 괴롭힘에서 벗어날 수 있는 관계 차원의 해결책을 찾아낸 피해자들은 자신의 힘으로 괴롭힘에서 벗어난 것이라 할 수 있습니다. 바로 여기서 차이가 생겨납니다. 스스로 강인하다고 평가할 수 있을 만한 전략을 활용해, 자신에게 가해졌던 폭력을 활용해서 가해자에게 괴롭힘을 부메랑처럼 돌려준 피해자들은 '아무 대책 없이' 공격하는 법이 아니라 방어하는 법을 배운 것입니다.

또한 괴롭힘을 당한 아이들은 자신이 견뎌야 했던 충격을 오랫동안 기억하면서, 그 누구도 이런 일을 겪게 하고 싶지 않다는 생각을 품습니다.

가해자가 피해자가
될 수도 있나요?

그렇습니다. 그 어떤 어린이나 청소년도 특정한 상황에서 취약해질 수 있기 때문입니다. 앞서도 살펴봤지만[37] 제 생각에는 괴롭힘 가해자의 전형적인 유형도, 괴롭힘 피해자의 전형적인 유형도 따로 존재하지 않습니다. 모든 것은 그래봐야 기본적으로 오르락내리락하기 마련인 자신감의 정도의 문제입니다. 그러므로 아주 인기 있는 아이들이 사망, 이별, 모욕 같은 고통스러운 사건을 겪고 나면 자존감에 크나큰 상처를 입을 수 있습니다.

이처럼 새로운 취약성이 생겨나면 인기를 얻으려는 다른 아이가 이를 감지하고, 그 아이의 권위를 처음으로 실추시키려는 시도를 하기도 합니다. 그렇지만 대부분 피해자에 비해 가해자들은 이런 일시적인 취약성을 감추거나 오히려 이 상황을 이용해 자신의 인기를 높이는 능력이 있습니다. 자신의 추종자들을 그 상황에서 울어주는 사람이나 방패막이로 탈바꿈시키면서 말입니다.

만일 이렇게 하지 못하는 경우라면 대체로 가차 없이 추락합니다. 가장 열렬히 따르던 추종자들이 더 인기 있는 아이에게로 빠르게 향하기 때문입니다. 과거의 괴롭힘 선동자가 희생자가 되었을 경우 이런 추락은 극도로 고통스럽습니다. 그리고 이 아이들을 깊은 우울 속에 빠뜨립니다.

두말할 것도 없이 이런 우울감은 원래부터 외롭게 지내던 아이들보다 훨씬 심합니다. 인기 있던 아이들은 과거의 낙원을 향한 향수에 빠져 있기 때문입니다. 이런 상황이 일어났을 때 아이들은 자신에게 벌어진 일과 이렇게 추락하기 전에 있었던 일을 우리에게 설명할 준비가 전혀 되어 있지 않습니다. 그리고 우리가 이런 점을 전혀 감안하지 않고 아이들에게 질문을 던지면서, 이제는 적어도 그 아이가 과거에 가해자로서 친구에게 준 고통을 이해할 수 있을 거라며 교훈을 주려는 방법은 오히려 역효과를 낳습니다.

이때는 다른 경우와 마찬가지로, 아이를 괴롭히는 가해자가 관계 속에서 난관에 부딪히도록 만드는 전략을 상황에 맞게끔 제안해야 합니다. 그렇지만 이런 경우도 '아무 대책 없는' 공격이 아니라 저항하는 전략이어야 합니다.

괴롭힘이 건강에
영향을 끼칠 수도 있나요?

　정신과 의사인 니콜 카트린느에 따르면 괴롭힘이 건강에 끼치는 영향은 다음과 같습니다. "괴롭힘 피해자인 아동에게 가장 먼저 생겨나는 결과는 불안이다. 앞서 살펴봤듯이, 이런 불안은 학업 성적 부진이나 심지어는 수면 장애를 일으키는 원인이다. 집중력을 흐리게 하고 학습 장애를 심화하기 때문이다. 또한 불안은 아이가 학교에 가는 것을 두려워하게 만드는 원인이다. 차츰 학교를 벗어날 위험이 커진다." 그녀는 이렇게 덧붙입니다. "8~12세 사이의 어린아이 중 학교 폭력 피해자의 40퍼센트가 외상성 스트레스 상태에 처한다."

　간결하고 전략적인 요법을 적용하는 샤그랭 스콜레르 센터의 실무진은 실제로 '학교공포증'이라고 진단받은 아이들을 많이 만납니다. 이 아이들은 괴롭힘의 시나리오가 다시 시작될까 봐 두려운 마음에 더 이상 학교에 가지 못합니다. 이들은 설령 괴롭힘이 멈추었더라도, 새로운 학교로 전학을 갔더라도 자신이 겪은 일 때문에 트라우마 상태에 빠져 있습니다. 바로 이런 이유 때문에 괴롭힘이 다시 벌어진다면 아이가 다르게 반응할 수 있도록 도와주는 것이 필수적입니다. 별로 위험하지 않다고 주장하며 아이를 안심시키는 일은 별로 도움이 되지 않습니다.

　괴롭힘 때문에 위협을 받고 있다는 사실을 드러내는 증상들은 제법 다양합니다. 유뇨증, 말 더듬기, 토하고 싶은 욕구, 두통, 생리적으로는 설명할 수 없는 복통, 어지럼증 등 관계에서 문제를 맞닥뜨리지 않은 아이들은 겪지 않는(또는 덜 겪는) 온갖 종류의 신체적인 문제가 나타납니다.

어린 시절에 당한 괴롭힘이
성인기에 영향을 주나요?

런던 킹스 칼리지에서 실시한 연구에 따르면, 학교 폭력이 신체와 정신의 건강에 끼치는 부정적인 영향은 학교 폭력을 겪은 뒤 약 40년이 지난 뒤에도 여전히 나타납니다.[38] 50세에 이르자 괴롭힘을 당했던 개인들에게서 정신과 신체에서 여러 건강 문제가 드러났고, 인지 능력도 낮았습니다. 게다가 유년기에 괴롭힘을 당한 경험이 있는 사람들은 우울증, 불안, 자살 사고 위험이 더 컸습니다. 또한 애정 관계도 덜 맺었고, 고용 기간도 적었으며, 일을 할 때도 보수가 적었습니다. 연구 대상자들이 밝힌 삶의 질과 만족도는 괴롭힘을 당한 적이 없는 개인에 비해 낮았습니다.

니콜 카트린느는 다음과 같이 이야기합니다. "정신병리학적 특성, 사회적 상황, 가정환경, IQ와는 별개로 8~10세 사이에 또래에게 학대를 당한 경험이 있는 개인들은 사회적 대처 능력이 없고 자기 이미지가 훼손되어 정신질환 증상이 나타날 위험이 있다."[39] 괴롭힘 당시에 겪은 고통에 더해 이처럼 장기적인 차원에서 나타나는 극단적인 결과는 어느 정도 이해할 수 있을 법합니다. 괴롭힘을 당한 아이가 배우지 못한 것은 바로 누군가 자신을 공격하려 할 때 자신을 방어하는 법이라는 사실을 감안한다면 말입니다.

당연한 얘기일 테지만, 고등학교 마지막 수업 종이 울린다고 해서 괴롭힘을 당한 아이가 갑자기 강해지고 자신을 방어할 수 있는 것은 아니기 때문입니다. 피해자는 여전히 준비되어 있지 않은 상태이며 본인도 그 사실을 압니다. 가해자가 사라져 괴롭힘이 멈췄건, 아니면 단순히 가해자 한 명 또는 집단과 더 이상 상호작용을 하지 않게 되어 괴롭힘이 멈췄건 간에, 과거에 괴롭힘을 당했던 아이는 비슷한 상황이 조성되면 최악의 일이 다시 벌어지리라는 생각을 품고 있을 수밖에 없기 때문입니다. 이렇게 되는 것도 일리가 있습니다. 그렇기에 성인이 되어서도 평균적인 사람들보다 현저히 높은 경계심, 슬픔, 불안을 품고 성인기를 살아갈 것입니다.

반대로, 자신의 자원을 활용해 괴롭힘의 악순환을 끊어낸 아이는 자신감이 생겨날 것이고, 이 자신감은 평온한 마음으로 미래를 내다볼 수 있도록 해줄 것입니다.

학교 폭력의 결과는 성인이 되었을 때 어떤 식으로 나타나나요?

35세의 샤를로트는 신체적으로 매우 불편한 느낌을 받는다며 우리를 찾아왔습니다. 샤를로트는 수영복을 입는 걸 견딜 수가 없었고 심지어는 반바지나 치마도 도저히 입을 수가 없었습니다. 옷을 입고 화장을 하는 데만 몇 시간이 걸렸고, 그렇게 흘려보내는 시간이 점점 더 늘어만 갔습니다. 그녀의 표현대로라면 알맞게 "위장을 하고" 아침 7시 30분에 집을 나서려면 새벽 4시에 일어나야 했기 때문입니다.

배우자 앞에서도 옷을 벗은 채로 있을 수가 없고, 30세 이전에는 육체관계를 맺는 것도 힘들었다고 말했습니다. 사람들이 만나서 서로를 품에 안는 걸 몰상식하다고 생각할 정도였습니다. 스스로에 대한 이런 지나친 과소평가를 주변 사람들이 아무리 부정해도 그녀는 전혀 달라지지 않았습니다.

우리가 그녀에게 언제부터 자신의 외모를 역겹다고 느꼈는지 물어보자, 그녀는 청소년기부터 시작되었다고 말했습니다. 유난히 힘든 시기는 20년 전부터 겪었지만 말입니다.

팰러앨토 학파의 실천가들은 환자들과 함께 '지금 여기'를 위해 노력합니다. 이 말은 고통을 줄이기 위해 환자의 과거 속에 묻혀 있는 기억을 찾아내지 않는다는 의미입니다. 그보다는 현재에 영향을 끼치는 것들을 멈추고자 합니다. 실제로 우리는 자신이 불행해진 이유를 안다고 말하면서도 여전히 힘든 상태에 처해 있는 환자들을 많이 만났습니다. 따라서 우리는 어린 시절에 그와 같이 자신을 과소평가하게 만든 것이 무엇인지를 알아보려는 질문을 절대로 던지지 않습니다. 우리가 다루는 주제가 아니기 때문입니다. 그렇지만 환자들은 샤를로트의 경우처럼 문제적인 상황에 빠질 때면 자신이 불편한 이유를 곱씹어보는 경우가 많습니다.

그래서 이 매력적인 젊은 여성은 꽤 빠르게 자신의 청소년기 이야기를 들려주었습니다. 청소년 시절 그녀는 자신의 언니와 자신을 비교하던 몇몇 남자아이들에게 괴롭힘을 당했습니다. 열네 살이었던 그녀는 치아 교정기를 끼고 여드름이 많이 나 있었던 반면, 나이가 두 살 더 많은 언니는 얄궂은 사춘기를 이미 지난 상태였습니다. "정말 끊임없이 괴롭혔어요. 그 남자아이들은 제가 어떤 점에 상처를 받는지를 잘 알았죠.

제게 '못난이'라는 별명을 붙이고, 쉬는 시간마다 저를 놀려댔어요."

일반적으로 어린 시절에 괴롭힘을 당했다가 우리에게 상담을 받으러 찾아오는 성인들의 경우 신체적, 정신적, 관계적 특징을 주기적으로 잔인하게 평가절하당한 경험이 콤플렉스가 되어 고통에 아주 민감해지는 경우가 많습니다. 샤를로트의 경우처럼 신체적인 콤플렉스일 수도 있고, 자신이 형편없거나 능력이 없거나 전혀 재미가 없는 사람이라 생각하는 지적인 콤플렉스일 수도 있습니다. 대개는 관계와 연관된 문제입니다. 어린 시절 괴롭힘을 당했던 사람이 성인이 되면 친구 관계건, 업무 관계건, 연인 관계건 간에 자신이 관심을 받아 마땅하다고 생각하지 못합니다.

가해자였던 아이가 어른이 되면
어떤 여파가 나타나나요?

피츠버그 청소년 연구Pittsburgh Youth Study의 결론에 따르면 괴롭힘을 저질렀던 남자아이들은 나중에 범죄를 저지르는 경향이 있습니다.[40] 그리고 괴롭히는 행동을 감소시키고자 개입을 하면 범죄가 줄어드는 것으로 나타났습니다.

연구자인 D. 벤더D. Bender와 F. 뢰젤F. Lösel은 13~16세 사이에 괴롭힘을 저지른 아이들의 36퍼센트가 16~24세에 범죄를 저지르는 반면, 괴롭힘을 한 번도 저지른 적 없는 아이들은 10퍼센트가 범죄를 저지른다고 합니다. 니콜 카트린느에 따르면 이렇게 정리해볼 수 있습니다. "청소년기에 주기적으로 학대를 일삼았던 남자아이들은 성인이 되었을 때 사회적으로 부적절하고 폭력적인 행동들을 3~4배 더 많이 받아들인다."

이런 결과는 논리적으로 합당한 귀결이라 생각됩니다. 괴롭힘을 저지르는 어린이나 청소년은 또래들과의 관계 속에서 '뜻하지 않았던 난관에 부딪히지' 않는 이상(어른이 벌을 주는 일은 이렇게 취급되는 경우가 드뭅니다), 괴롭힘을 멈출 이유가 전혀 없습니다. 게다가 이 아이들은 지나치게 극적인 환상이기는 하지만, 자신이 전지전능하며 그 어떤 것도 자신을 막을 수 없다는 환상을 품을 수도 있습니다. 괴롭힘을 당하는 아이에 대해서도, 자신이 다음 피해자가 될 수도 있다는 걱정으로 침묵을 지키는 목격자들에 대해서도 괴롭힘을 통해 얻은 권력은 언젠가 규정에 따라 벌을 받을 수도 있다는 두려움보다 훨씬 더 가해자를 도취시키는 강력한 요소입니다.

따라서 팰러앨토 학파의 실천가가 가해자 아이에게 단념시키려는 것은 바로 이렇게 전지전능하다는 환상입니다. 실천가는 취약한 상태에 놓인 아이가 가해자에게 뜻하지 않았던 난관을 안겨주어, 가해자가 집단에 행사하는 권력을 약하게 만드는 동시에 자신이 전지전능하다는 병적인 환상을 내려놓도록 만드는 것을 목표로 삼습니다.

괴롭힘을 목격한 아이에게는
어떤 여파가 나타나나요?

이런 영향은 피해 당사자가 받는 영향에 비해서는 덜 고통스러운 경우가 일반적입니다. 그렇지만 만약에 목격자가 지켜본 괴롭힘이나 따돌림이 학대를 당한 아이에게 부정적이고 결정적인 변화를 불러일으켰을 경우에는 심리적인 영향을 유발할 수 있습니다.

특히 괴롭힘을 당한 어린이가 전학을 갈 수밖에 없었던 경우, 괴롭힘 피해자가 학업을 일시적으로 또는 영구적으로 중단했을 경우, 괴롭힘 피해자가 자살 시도를 했다는 소식을 들었거나 괴롭힘 때문에 생을 마감했다는 소식을 들었을 경우에 그렇습니다.

이런 경우는 죄책감이 어린이나 청소년을 집어삼켜 아주 울적한 상태로 몰아갑니다. 스스로에 대한 실망감을 강하게 느끼고, 자신이 해야 했을 일과 하지 못한 일을 고통스럽게 되새기면서 말입니다.

제가 만난 한 청소년은 어린 시절에 자주 같이 놀았던 친구인데도 차마 그 친구를 지키기 위해 개입하지 못했다고 말했습니다. 그는 쉬는 시간마다 친구를 학대했던 위협적인 가해자 무리의 눈에 띄는 것을 피하고자 친구에게 하던 인사마저도 하지 못했습니다. 6학년 초 어느 날 친구가 자신의 눈길을 구하려 했지만(그리고 그의 생각대로라면 보호를 구하려 했지만), 반응하기를 두려워하는 자신의 모습을 보고 곧바로 단념했다고 말했습니다.

그는 이렇게 얘기했습니다. "그 친구는 더 이상 제게 기대를 품지 않는 것 같았어요. 제 처지를 이해하고, 저를 곤란한 상황에 빠뜨리고 싶지 않아 하는 것 같았죠. 단언컨대 그 점이 가장 끔찍했어요."

괴롭힘을 당하는 아이까지 포함된 이런 암묵적인 합의는 이런 상황이 벌어졌을 때 이렇게 포기하는 일이 얼마나 비일비재한지를 보여줍니다.

그렇게 괴롭힘을 당했던 친구는 한 학년이 끝나갈 무렵에 몇 주 동안 아동정신의학과에 입원한 뒤 전학을 가야 했습니다. 이 소식을 들은 그는 자신이 아무것도 하지 않았던 것에, 그의 표현대로라면 "그렇게나 비겁하게 굴었던" 것에 엄청난 죄책감을 느꼈습니다. "정말로 솔직하게 말씀드리자면, 그 상황이 친구에게 얼마나 힘들었는지 이제는 다 알게 되었는데도 제가 과연 개입했을지는 여전히 확신할 수 없어요. 저를 옴짝달싹하지 못하게 만드는 두려움을 똑똑히 기억하고 있거든요." 그는 잠을 제대로 자지 못했고 점점 더 위축되었으며, 학업에 무관심해지기 시작했습니다.

저는 어린 시절 친구에게 사과를 전하는 편지를 써보도록 그에게 권했습니다. 그리고 친구에게 일어났던 나쁜 일을 만회하려면 자신이 어떤 일을 할 수 있었을지 물어보라고 요청했습니다. 편지를 받은 친구는 별장에서 주말을 함께 보내러 오라는 답을 보냈습니다. 두 친구는 새로운 학교에서 똑같은 일이 벌어진다면 어떤 전략을 펼칠 수 있을지 함께 곰곰이 생각했습니다.

이처럼 괴롭힘을 무력하게 목격했던 경우는 자신의 죄책감과 수치심을 곱씹고 난 뒤에 이를 가라앉히는 치료법을 시도해볼 수 있습니다.

부모가
하지 말아야 할 것들

부모에게 경고를 주는
신호들은 무엇인가요?

일반적으로 어린이나 청소년의 행동이 급격하게 변하는 모든 경우 그리고 특정 증상들이 이런 신호에 해당합니다.

먼저, 신체적인 신호로는 머리가 아프거나 배가 아픈 증상을 꼽을 수 있습니다. 특히 일요일 저녁과 개학이 다가오는 시점에 말입니다. 훨씬 더 중요한 신호들도 있습니다. 아이가 방학이 되면 활기를 되찾는 것 같다가도 개학 전날이나 전전날 정도가 되면 상태가 안 좋아지는 경우입니다.

성적이 현저하게 떨어지는 경우도 아이가 관계 때문에 고통을 받고 있을 수 있다는 걸 알려주는 지표입니다. 반대로, 똑똑하다고 여겨지는 어떤 아이들은 괴롭힘당하는 것을 줄이거나 중단시키기 위해 평균적으로 성적을 약간 떨어뜨리는 쪽을 택하기도 합니다(많아야 1~2점 정도이긴 합니다). 만약 이 방법이 효과를 낸다면 이것을 활용하도록 내버려둬야 한다는 것이 제 생각입니다.

그리고 이런 방법은 대체로 효과가 있습니다. 성적이 떨어져서 걱정해야 하는 경우는 대개 고통이나 염려가 너무 크거나, 사회적으로 생존할 수 있는 유일한 방법이 그저 성적이 나쁜 학생들 부류에 끼는 것뿐이라고 생각해서 아이가 공부에 집중하지 못하는 경우입니다. 당연히 이런 경우에는 이 방법이 해결책이 될 수 없습니다.

이보다 훨씬 위험하고, 우리가 대체로 주의를 기울이지 않는 변화는 바로 형제자매, 부모님과 나누는 상호작용에 끼치는 영향입니다. 평소에는 평온하고 다정하던 아이가 갑자기 공격적으로 굴거나 날선 반응을 보인다면, 학교에서 관계 때문에 고통을 받고 있다는 신호일지도 모릅니다.

만약 이런 변화가 사춘기에 접어드는 시점과 동시에 일어날 경우, 부모들은 사춘기 때문에 기분이 달라진 것이라고 잘못 생각할 수 있습니다. 아이가 정서적으로 안전하다고 느끼는 공간에서 자신이 느끼는 고통을 표출하는 것은 지극히 합당한 일입니다. 그러므로 이런 경우에는 아이를 진정시키려 하기보다는 아이의 감정을 받아줘야 합니다.

부모가 어떻게 해야
아이가 말문을 열까요?

중학생이나 고등학생들은 흔히 그러기는 하지만, 초등학생 같은 어린아이들이 부모에게 말하지 않겠다고 마음을 먹는다면 이는 여러 가지 이유 때문인 경우가 많습니다.

아이들은 부모에게 이야기하면 부모가 고통스러워할 것이라는 사실을 알고 있습니다. 일리가 있는 생각입니다. 안전하다고 여겼던 장소에서 자신의 아이가 겪은 학대 행위나 정신적인 학대 이야기를 듣는 일은 매우 고통스러운 일이기 때문입니다. 그래서 아이들은 우리를 보호하려고 하는 경우가 아주 일반적입니다.

아이들은 어른들이 어설프게 개입할까 봐 두려워하기도 합니다. 이 역시 일리가 있습니다. 이런 고통은 어른들이 보기에 괴롭힘 가해자나, 가해자의 부모나, 학교나, 교육청이나,

경찰에 공정한 해결을 요청해야 하는 사태라고 여겨집니다. 그런데 대부분 아이가 이런 상황에 어른들이 개입하면 역효과가 나는 경우가 많다는 사실을 선험적으로(또는 이미 겪어본 적이 있기에 '경험적으로') 알고 있습니다.

자신의 아이가 초등학교, 중학교, 고등학교에서 어려움을 겪고 있다는 사실을 눈치챘을 경우 그리고 아이가 부모에게 의지하려 하지 않을 경우, 다음과 같이 이야기하는 것이 도움이 될 수 있습니다.

"네가 지금 학교에서 힘든 일이 있는 것 같다고 느꼈어. 네가 이야기를 하고 싶지 않은 건 당연해. 그런 일은 어른들, 특히 부모들이 잘 이해하지 못하는 일이니까. 그냥 네게 이 점만 확실히 얘기해주고 싶어. 네가 얘기를 해준다면, 네가 확실하게 동의하지 않는 이상은 내가 아무것도 하지 않을 거라고 말이야."

그렇게 했을 때 아이는 대개 얘기를 털어놓곤 합니다. 그렇게 아이가 이야기한다면 약속했던 내용을 반드시 지켜야 합니다. 분노가 차올라 아이가 부모에게 원하지 않는 행동을 당장 하고 싶은 마음이 피어오르더라도 말입니다. 이를테면 교장 선생님을 만나러 가는 일 같은 것 말입니다. 아이가 얘기를 털어놓기 전에 다음과 같이 말을 해주는 것도 도움이 될 것입니다.

"네가 해주는 얘기는 분명 우리 모두에게 고통스러울 거야. 너는 너를 많이 힘들게 하는 얘기를 하는 거라서 고통스러울 거고, 나는 네 엄마(또는 아빠)고 네가 힘들어한다는 사실을 견딜 수가 없어서 고통스러울 거야. 그러니까 내가 얘기를 들으면서 울 수도 있어. 그렇지만 나는 아무것도 모르면서 걱정하기보다는 더 많은 것을 알고 슬퍼지는 쪽이 더 나아."

만일 아이의 이야기를 듣고 눈물을 흘릴 것 같다면, 눈물이 흐르도록 내버려두세요. 그리고 아이를 안아주면서 아이가 얼마나 고통스러운지 이해한다고 계속 얘기해주어야 합니다.

괴롭힘을 예방하려면
부모가 어떻게 해야 할까요?

인간관계 측면에서 보자면 괴롭힘을 예방하는 일이란 실로 복잡한 문제입니다. 괴롭힘 사건은 그 어떤 것도 비슷하지 않습니다. 당사자 하나하나가 특수성을 지니고 있고, 맥락도 언제나 특정하며, 각각의 쟁점도 매번 다릅니다. 아직 일어나지 않은 괴롭힘을 먼저 '예측하고' 해결하고자 하는 마음은 부정확성을 유발하며, 따라서 문제가 '정말로' 일어났을 때 아무런 효과도 없을 수 있습니다.

반대로, 아이가 지닌 몇 가지 능력이나 관계를 맺을 때 보이는 몇 가지 자질을 관찰하고 맨 처음에 일어난 공격이 괴롭힘으로 변모하지 않게끔 아이가 자신을 보호하도록 도와줄 수 있습니다. 이런 자질은 일반적으로는 유머입니다. 구체적으로 얘기한다면 자조이고요.

그렇지만 예방에 관해 이야기할 때면 우리는 괴롭히는 행동을 참고 삼아 언급하곤 합니다. 이런 점에서 본다면 유아원이나 유치원에서는 아이들이 다 함께 관계 맺는 데 필요한 자질을 계발할 수 있도록 역할 놀이를 해볼 수 있습니다. 이런 활동은 나중에 가서, 특히 중학교에서 효과를 드러낼 것입니다. 이런 아이들은 어렸을 때부터 감정과 관계를 인지하면서, 즉 공감 능력을 발휘하면서 상호작용을 할 때나 배울 때 더 융통성 있게 처신할 것이기 때문입니다.

이런 식으로 유치원에서 공감 능력의 좋은 점을 익힌다면 괴롭힘을 저지를 법한 성향을 지닌 중학생에게도 제동을 걸 수 있습니다. 유치원이나 초등학교에 다니는 아이를 둔 부모라면 학교 관계자에게 세르주 티세롱의 '세 인물 놀이' 등을 예로 들면서 이와 같은 얘기를 해볼 수도 있을 것입니다.[41]

부모가 교장 선생님에게
알려야 할까요?

　　당연한 얘기일 테지만 이 질문에 한 가지 정답은 없습니다. 대개는 교장 선생님, 학교 전담 상담사, 담임 선생님에게 알리면 괴롭힘 가해자(또는 가해자 집단)에게 크나큰 변화를 불러일으킬 수 있습니다. 이는 어른들 사이에서 논의하거나 학교 일과 중에 이렇게 얘기한다는 사실이 가해자들에게 사안이 얼마나 중대한지를 인식시키기 때문일 수도 있고, 처벌을 가하는 등의 대응이 가해자가 공격을 멈추는 효과를 내기 때문일 수도 있습니다.

　　언론에 제시되는 사례를 살펴보면 처벌을 하기는 했지만(방과 후에 학교에 남기, 징계위원회 회부, 정학이나 퇴학) 충분하지 않았다며 피해자의 부모가 항의하는 모습이 자주 눈에 띕니다. 괴롭힘이 계속되거나, 세력을 더 키우거나, 단순히 대상만 바뀌었다면서 말입니다.

우리 센터에 상담하러 찾아오는 아이들과 부모들 대다수에게는 학교에 알리는 행동이 전혀 효과가 없었고, 심지어는 상황을 악화시키기까지 했습니다. 실제로도 교육부에서 권고하는 고전적인 절차를 우리가 요청해서 시작하는 경우는 드뭅니다. 고전적인 절차에서는 교장 선생님에게 알려야 한다는 얘기를 가장 먼저 하지요. 하지만 부모들이 우리와 약속을 잡고 만난다는 것은 그와 같은 절차를 밟았음에도 불구하고 괴롭힘이 지속되거나 강화되었다는 뜻입니다.

정리하자면 이런 해결법이 가끔 효과가 있기도 하지만, 그렇다고 해도 효과가 전혀 없거나 심지어는 더 나쁜 결과를 낳을 위험이 있습니다. 그 이유는 무엇일까요?

그 이유는 학교장이 따라야 하는 개입 양식을 담고 있는 농오 아르셀르망NAH[42] 사이트의 일반적인 도표에서 밝히고 있듯이, 제시된 조치들이 오직 가해자를 향한 것이기 때문입니다(처벌, 제재, 보상 조치 등). 이런 방침은 괴롭힘을 멈출 수 있는 모든 열쇠를 손에 쥔 전지전능한 가해자 학생과 오로지 보호의 대상이기만 한 무력한 피해자 학생 사이의 상보적 고조를 은연중에 굳건하게 만듭니다.

어느 정도 반항적이고 공격적인 청소년들 앞에서는 이런 대처 방식이 큰 반작용을 불러일으킵니다. 이와 같은 조치는 피해자가 혼자 힘으로는 전혀 방어할 수 없다는 신호를 가해자들에게 보내기 때문입니다. 바로 어른이 피해자를 대신해 개입한다는 사실이 그 증거지요. 따라서 이렇게 피해자의 지위를 강화하는 일은 가해자가 괴롭힘을 지속하도록 힘을 실어줍니다.

그렇지만 규정에 따른 여느 조치들과 마찬가지로, 이런 조치는 상당수 관계자를 안심시킵니다. 그중에는 부모도 포함됩니다. 또한 오늘날 학교들에서 이보다 더 책임감 있는 절차를 실시하기란 무척 어렵습니다. 단순히 교훈적이거나 강압적으로만 대처하는 것은 효과가 없다는 사실을 잘 알고 있는 수많은 학교 관계자들은 고통받는 아이에게 필요한 것들을 지원해주는 편을 선호하기는 하지만 말입니다. 그렇게 했다가는 학교 관계자들이 고통받는 아이들의 부모의 요구 사항에 반대하는 셈이 되기 때문입니다.

당연한 얘기겠지만, 자신의 아이가 가해자 아이와의 상호작용에서 뭔가를 바꾸고 행동해야 한다는 것을 이 부모들은 받아들일 수가 없습니다. 고통을 받는 것이 바로 자신의 아이이니만큼 말입니다. 따라서 학교 구성원이 이와 같은 해결책을 언급할 때면 부모들은 무척 화를 냅니다. 그러나 이런 조치야말로 아이들에게 자신을 방어할 능력을 갖추게 해서 아이가 더욱 강해지고 이를 통해 덜 불행해지는 것이라고 설명하는 일이 아동 전문가인 우리의 역할입니다. 부모들과 마찬가지로, 이 상황 때문에 우리 역시도 무척이나 화가 나기 때문입니다.

부모가 가해 학생의 부모에게
알려야 할까요?

앞서 살펴봤듯이 부모가 행동에 나서는 일은 효과가 없는 경우가 많지만, 그럼에도 이런 행동을 자주 보게 됩니다. 이런 행동은 처음에 일어난 갈등에 또 다른 갈등을 더하는 곤란한 상황을 어김없이 만들어냅니다. 또 다른 갈등이란 바로 부모들 사이의 대립입니다. 자신의 아이가 괴롭힘 가해 학생이라는 사실을 받아들이기란 어렵습니다.

피해 학생의 부모에게 질책을 받는 부모들이 보일 수 있는 반응은 두 가지입니다. 한 가지 반응은 사태를 축소하는 것입니다. 이는 상대 부모에게 깊은 상처를 입히고, 상대 부모는 가해 학생의 부모에게 자녀가 얼마나 사악한지 모른다며 설득하려 할 것입니다. 그러면 질타를 받는 가해 학생의 부모는 한층 격렬하게, 상대 부모에게 더욱 상처가 되게끔 자식을 옹호할 것입니다. 그런 식으로 대칭적 고조가 일어납니다. 이는 괴롭힘 상황을 결코 해결해줄 수 없습니다. 가해 학생이든 피해 학생이든 간에, 당사자들이 없는 상태에서 논쟁을 벌이기 때문입니다.

조금 더 수용적인 부모의 경우 자신의 아이를 훈계하고 벌을 줄 수도 있습니다. 하지만 앞서 살펴봤듯이 이런 방법은 가해 학생에게 거의 영향을 주지 못합니다. 가해 학생은 다시는 괴롭히지 않겠다고 맹세를 한 다음, 더 이상 벌을 받지 않도록 훨씬 교묘한 방식으로 괴롭힘을 지속하거나 피해 학생의 평판을 나쁘게 만들어 앙갚음할 것입니다. 이는 피해 학생이 다른 학생들과 관계를 개선하는 데 도움이 되지 않을 것입니다.

공감 능력이 떨어지는 부모들이라면, 자신의 아이가 계속 괴롭힘을 저지르도록 암묵적으로 격려할 수도 있습니다. 그렇게 괴롭힘이 이어진대도 자기들에게는 전혀 문제가 되지 않는 데다, 자신의 아이가 피해자가 아니라 오히려 권력자라는 사실을 제법 만족스럽게 여기기 때문입니다.

문제가 되는 상황에 관여하는 당사자들이 직접 나서는 것이 아니기 때문에, 위에서 언급한 어떤 경우든 사람들은 대부분 갈등을 해소하지 못합니다. 그리고 괴롭힘을 당한 아이는 부모마저도 무력하다는 사실을 확인하게 되면서 더 큰 좌절에 빠지고 맙니다.

가해 학생의 부모는
무엇을 할 수 있을까요?

흥미롭게도 지난 10년 동안 괴롭힘 가해 학생의 부모가 우리에게 상담하러 찾아온 적은 단 한 번뿐이었습니다. 이 수치는 고통을 받는 것도, 도움이 필요한 것도 오로지 괴롭힘을 당하는 아이들이라는 주장에 힘을 실어줍니다. 그렇지 않았다면 상담 치료실에는 가해 학생과 그 부모들이 훨씬 더 많이 찾아왔을 것입니다. 그렇지만 강연장에서 자주 듣곤 하는 이 질문은, 괴롭힘 상황을 불편하게 여기고 피해자 학생을 돕고 싶어 하는 부모들도 있다는 사실을 보여줍니다.

무엇보다도 가해 학생의 행동이 또래 학생에게 어느 정도 고통을 안겨주었는지를 가해 학생에게 알렸고, 규율 측면에서 괴롭힘은 벌을 받아야 할 정도로 비난받아 마땅한 행동이라는 사실을 설명했으며, 계속 괴롭힌다면 받게 될 처벌이 무엇인지를 밝혔고 괴롭힘이 계속되어 처벌을 내렸다면, 그러니까 그 모든 조치에도 불구하고 아이가 계속해서 피해자를 학대한다면, 이는 가해자의 관점이 어떨지를 생각해볼 만한 타당한 이유가 된다는 사실을 염두에 두어야 합니다. 그리고 부모가 아이를 막으려고 시도하는 것은 아무런 효과가 없고, 오히려 어른들의 노여움 때문에 달콤한 위반의 느낌이 증폭되어 사태를 더 심각하게 만들 수도 있다는 사실을 고려해야 합니다.

따라서 가해 학생을 제재할 방법에 대해 수없이 논의한들, 지금 작동하고 있는 시스템이 유지될 가능성이 큽니다. 그렇지만 부모가 자녀나 학생들, 어린이나 청소년과 좋은 관계를 유지하고 있다면 현재 일어나는 괴롭힘에 관해 알게 되었을 때 인기의 개념에 관해 아이와 이야기를 나눠볼 수도 있습니다. 기본적으로 인기가 있다는 것은 두 가지 유형으로 나눌 수 있다고 얘기를 하면서 말입니다.

인기가 있는 첫 번째 유형은 임기응변 능력, 상대의 약점을 이용하는 유머, 신체적 힘, 폭력적이거나 잔인하게 굴 수 있는 능력을 이용해 모든 사람을 공포로 몰아넣는 방식입니다. 이는 제법 효과를 내는 방식이며, 딱히 겸비하고 있는 자질이 많지 않아도 이런 방식을 활용할 수 있습니다. 이는 당사자가 애정을 받기보다는 두려움의 대상이 된다는 사실이 단점이며, 학교를 마치고 집에 갈 때 보복을 당할 가능성도 있습니다. 이런 방법은 시시한 사람들이나 독재자들이 주로 택한다고 아이에게 이야기할 수 있을 것입니다.

인기가 있는 두 번째 유형은 다른 사람들의 문제를 떠안지 않으면서도 너그럽게 굴고, 웃기기는 하지만 주로 자조를 활용하고, 사람들이 좋아하는 것에 주의를 기울이지만 다른 것들에도 열려 있는 마음가짐을 품는 방식입니다. 이 방법에는 여러 다양한 자질이 필요합니다. 부모는 아이에게 이 두 번째 유형을 선택했으면 좋겠지만, 이 방법이 훨씬 더 복잡한 것도 사실이라고 부드럽게 말해볼 수 있을 것입니다.

이렇게 조금 더 책임감 있게 알려주면 어린이나 청소년이 곰곰이 생각해볼 만한 기회를 제공할 것입니다.

피해 학생의 부모가
가해 학생을 만나야 할까요?

유치원에 찾아가서 자신의 아이를 괴롭히는 아이에게 훈계하는(또는 겁을 주는) 일은 아마도 효과가 있을 것입니다. 당사자 그리고 가해자의 나이를 생각해본다면 말입니다. 네 살짜리 아이로서는 어른에게 강렬하게 꾸지람을 듣는 일이 두말할 것 없이 인상적일 것입니다. 그리고 이런 조치가 처벌 효과를 내서 친구의 장난감을 훔치거나 미끄럼틀 자리를 빼앗는 행동을 멈출지도 모릅니다.

그렇지만 이 방법이 항상 효과가 있는 것은 아닙니다. 심지어 이렇게 어린 나이에도 어떤 아이들은 부모가 개입하는 행동 자체가 전달하는 암묵적인 메시지를, 그 실체를 인지하기 때문입니다. '우리 아이는 스스로 보호할 수 없는 연약한 아이야. 그래서 부모인 내가 여기에 온 거야. 그러니까 내가 등을 돌리는 순간 너는 아무런 문제도 없이 우리 아이를 괴롭힐 수 있을 거야.' 이는 겉으로 드러나는 메시지와는 정확히 반대입니다. "네가 우리 아이를 더 이상 못살게 굴지 않았으면 좋겠어."

그런데 이렇게 암묵적인 메시지와 명시적인 메시지가 상반될 때는 안타깝게도 언제나 암묵적인 메시지가 우월한 위치를 점합니다. 심지어는 아주 어린 아이들에게조차도 말입니다.

8~9세 무렵부터는 이렇게 부모가 개입하는 행동이 전혀 효과가 없을 뿐만 아니라 심지어 위험하기까지 합니다. 이런 행동은 아이를 비단 가해 학생뿐만 아니라 모든 또래 아이들 앞에서 극도로 취약한 상황에 빠뜨리기 때문입니다. 따라서 이런 행동은 부모가 의도했던 것과는 정반대의 결과를 가져옵니다. 바로 이렇게 보호받은 아이의 취약함이 커지는 것입니다.

그리고 괴롭힘 가해 학생에게든("우리 아들/딸을 못살게 구는 일은 당장 멈춰야 할 거야.") 목격자에게든("우리 아들/딸을 못살게 구는 일을 멈추도록 네가 뭐라도 할 수 있지 않겠니?") 간에, 중학생이나 고등학생들에게 부모가 나서서 말하는 행동은 의도는 그렇지 않다고 해도 결과적으로는 아이에게 창피를 주고 상황을 악화시킬 뿐입니다.

8세 이상의 아이들을 대상으로 여는 강연에서 우리가 "너희들이 생각하기에, 어떤 엄마가 찾아와서 자기 아이를 그만 괴롭히라고 얘기하면 효과가 있을까?"라는 질문을 던지면 모두가 입을 모아서 곧바로 대답합니다. "아니요"라고요.

부모가 개입하는 방식 가운데
효과가 없는 방법은 무엇인가요?

이 질문은 다음과 같은 질문과 본질적으로 같습니다. 바로 '제 아이가 괴롭힘을 당할 때 구조적인 차원에서 어떤 행동을 해야 하나요?'라는 질문입니다. 여기에는 모범 답안이 없습니다. 기적적인 해결책이 따로 없기 때문입니다.

그렇지만 아무런 효과가 없는 길을 고수하는 행동은 두말할 것도 없이 역효과를 낼 뿐입니다. 다시 말해 부모가 학교에 문제를 알렸고, 학교가 집합적인 개입을 통해서건 개별적인 제재를 통해서건 괴롭힘을 멈추는 결과를 만들어냈다면, 그렇다면 또 다른 괴롭힘 사건이 벌어졌을 때 똑같은 방식으로 대응해야 할 것입니다.

만약 가해 학생의 부모에게 알려서 의식을 고취하고, 보상을 받고, 재발하지 않도록 했다면 다시 괴롭힘이 일어났을 때는 태도를 바꾸지 않고 똑같이 대응하면 될 것입니다. 반대로, 만약 이런 다양한 행동을 했을 때, 심지어는 잠시 상황이 수그러든 뒤에도 괴롭힘의 악순환을 완전히 끊어내지 못했다면 아예 다른 대응 방식을 검토해봐야 할 것입니다. 이를테면 적절한 자원을 마련해주어 전략적인 방식으로 아이가 반격할 수 있도록 도움을 주는 것처럼 말입니다.

어떤 해결책을 선택하든, 그 선택이 어떤 영향을 끼치든 문제가 해결된 뒤에 아이가 무엇을 배울 것인지 질문을 던져봐야 합니다. 저는 이것이 본질적인 질문이라고 생각합니다. 아이는 앞으로 비슷한 상황이 발생했을 때 해결책은 외부에서 올 것이라는 신념을 품을 수도 있고, 문제를 일으키고 고통스러운 관계에서 빠져나오는 능력이 자신에게 있다는 사실을 자각하게 될 수도 있습니다.

만약 부모들이 두 번째 해결책을, 그러니까 아이가 필요한 능력을 갖추게 도와주는 해결책을 선택하고 그 전략대로 아이가 실천에 옮긴다면, 이 경우 최악의 태도는 바로 아이를 대신해서 똑같은 행동을 해주는 것입니다. 이런 행동은 모든 노력을 수포로 만들 수 있기 때문입니다.

초등학교에서 하지 말아야 할
어른의 행동은 무엇인가요?

릴라의 할머니는 무척 화가 났습니다. 초등학교 3학년인 손녀의 필통에 있던 펜이 또 부러졌고 새로 산 공책이 망가졌기 때문입니다. 처음에 할머니는 릴라에게 소지품에 신경을 써야 한다고 얘기했습니다. 누가 허락 없이 물건을 가져가면 선생님께 얘기해야 한다고 말했지요. 릴라의 선생님은 학교의 교장 선생님이기도 했습니다.

릴라는 할머니의 말씀대로 했습니다. 교장 선생님은 릴라의 물건을 망가뜨린 남자아이와 여자아이, 테오필과 잔느를 불렀습니다. 그리고 두 사람에게 벌을 주었습니다. 주말 동안에 다음과 같은 반성문을 열 번 써오도록 했습니다. '저는 같은 반 친구의 물건을 망가뜨리지 않겠습니다.' 두 아이는 릴라를 괴롭히는 행동을 한 달 동안 멈췄습니다.

그렇지만 괴롭힘은 다시 시작되었습니다. 문제는 가해자가 누구인지 더 이상 알 수 없다는 사실이었습니다. 릴라는 한 달에 몇 번씩 자기 책상 위에서 망가진 물건들을 보았습니다. 릴라를 조롱하려고 망가진 물건들을 책상 한가운데에 일부러 놓아둔 것이었습니다. 어떨 때는 몇 주 동안 아무런 일도 벌어지지 않다가 다시 시작되곤 했습니다.

릴라는 마치 공포 영화 같다는 생각이 들었습니다. 유령이 물건을 가져가서 아무런 이유 없이 망가뜨리기라도 하는 것 같았습니다. 쉬는 시간이나 점심시간이 끝나고 교실에 돌아와 학용품이 엉망이 되어 있는 모습을 볼 때면 릴라는 조금 두려운 마음이 들었습니다. 이런 일이 반복되자 릴라는 참지 못하고 울음을 터뜨렸습니다. 예전처럼 그렇게 자주 벌어지는 일은 아니었지만 말입니다.

릴라의 할머니는 교장 선생님에게 이 이야기를 다시 한번 했습니다. 릴라가 전혀 안심하지 못하는 모습이 훤히 보였고, 교육청에서 얘기하는 것처럼 학교는 성스러운 안식처가 되어야 한다고 생각했기 때문입니다. 그러니 가해자들을 처벌해야 했습니다. 할머니는 조금 지친 모습으로 말했습니다. "어쨌든 간에 비행 청소년들이 하는 행동 같다고 보이는데요. 별로 신경을 쓰지 않으시는 것 같네요?"

교장 선생님은 이미 학생 세 명을 불러서 벌을 주었고, 그 아이들을 또다시 만나서 이번에 괴롭히는 것이 그 아이들인지 물어보았다고 강조했습니다. 아이들은 아니라고 확실하게 말했고, 자신은 아이들을 믿는다고 얘기했습니다. 한 달 사이에 연필 두 개가 운이 나빠서 부러졌다는 이유로 교실에 감시 카메라를 설치할 생각은 없다고 말했습니다.

이렇게 대화를 나누는 자리에 참석한 릴라는 자기가 좋아하는 두 사람이 그런 식으로 말다툼을 하는 것을 보니 무척 난처했습니다. 자기 선생님이 계속 자기를 좋아했으면 싶습니다. 릴라의 할머니는 사람들이 릴라의 문제를 신경 쓰지 않는 모습을 보고 상처를 받았습니다. 할머니는 어떤 아이들이 비행을 저지르는지 확신하고 있었고, 하굣길에 그 아이들을 데리러 온 부모 앞에 나서기로 마음먹었습니다.

그렇게 만난 자리는 썩 좋지 않았습니다. 부모들은 자기 아이들은 전혀 책임이 없다며 부인하고, 릴라의 할머니가 자기 아이들에게 그렇게 공격적으로 훈계할 자격은 없다며 화를 냈습니다. 그들은 교장 선생님에게 불만을 제기하고, 교장 선생님은 교문 앞에서 얘기하는 것까지 자기가 막을 수는 없다고 설명합니다. 잔느와 테오필의 부모는 교장 선생님이 편파적이라고 생각하며, 릴라의 할머니를 불러달라고 요구합니다. 교장 선생님은 이를 거절합니다. 그렇게 만나면 아주 안 좋은 상황이 벌어지리라는 사실을 잘 알기 때문입니다.

긴장은 고조되고 상황은 점점 커집니다. 양측은 각자 자기를 도와달라며 모든 반 아이들 부모에게 부탁했습니다. 어떤 부모들은 아이들에게 릴라와 함께 놀지 못하도록 했고("릴라랑 엮이면 골치 아파질 거야.") 릴라는 학교에서 외톨이로 지낼 때가 많아졌습니다. 그리고 물건이 계속 망가질까 봐 두려워하는 바람에, 쉬는 시간에 물건을 챙겨가도 괜찮다는 허락을 받았습니다. 물건을 계속 지켜봐야 하는 릴라는 이제 누구와도 함께 놀지 못합니다.

릴라는 전학을 시켜달라고 부탁하기에 이르고, 할머니는 릴라를 데리러 갔을 때 누구와도 얘기를 나누지 않게 되었습니다.

여기서 역효과를 낳은(그렇지만 충분히 이해가 가는) 할머니의 행동은 선생님에게 개입해서 벌을 달라고 요청한 것, 그 방법이 효과가 없다는 사실이 드러난 뒤에도 선생님에게 조르면서까지 같은 방식을 고수하고, 이런 식으로 릴라의 무력한 지위를 강화했다는 것입니다. 또한 릴라의 할머니는 용의자로 의심되는 아이들을 처벌하고 아이들의 부모에게 얘기하겠다고 하면서 릴라를 '소란을 일으키는 아이'로 만들고, 릴라가 더욱 외톨이가 되도록 만들었습니다.

중학교에서 하지 말아야 할
어른의 행동은 무엇인가요?

루는 4학년입니다. 루는 인기가 좋은 여자아이들 무리에 속해 있습니다. 그중 한 명인 조에는 핵심 인물입니다. 집단 안에서 일종의 구심점 역할을 합니다. 조에가 괜찮으면 모두가 괜찮습니다. 조에가 상태가 좋지 않으면 모두 긴장합니다.

그런데 조에가 남자 친구였던 바실과 헤어지고 바실이 다른 여자 친구를 만난 지 한 달쯤 되었을 때, 조에는 한없이 깊은 슬픔에 빠지는 일이 잦아졌습니다. 그럴 때면 자해를 하곤 했습니다. 조에가 집이나 학교 화장실에서 자해할 때면 루와 친구들은 그 사실을 눈치챕니다. 눈은 부어 있고, 학교에서 겉옷이나 윗도리를 벗거나 걷어 올리지도 않고, 아무 말이 없기 때문입니다. 모두 그만하라며 조에를 말립니다. 특히 루가 적극적으로 말리는 편입니다. 루는 조에가 자해를 하는 것을 두고 볼 수가 없습니다. 조에는 루가 진정으로 아끼는 친구이기 때문입니다.

루는 조에를 어떻게 도울 수 있을지 도저히 모르겠습니다. 나쁜 기분을 가라앉히려고 자해하는 일을 그만두도록 수없이 설득했지만 소용이 없었습니다. 루는 어른들이라면 분명 어떻게 해야 좋을지 잘 알 것이라고 생각했습니다. 그래서 학교에 있는 전담 상담사에게 이 이야기를 하기로 마음먹었습니다. 그 상담사는 이해심이 깊고, 학생들이 정말 좋아하는 어른이었습니다.

상담사는 루에게 고맙다고 이야기하며 조에를 부릅니다. 그리고 조에가 자해를 한다는 얘기를 들었다며 당장 멈춰야 한다고 말합니다. 조에는 부모님에게는 얘기하지 말아달라고 상담사에게 간청합니다. 하지만 상담사는 부모님을 불러서 딸이 고통을 받고 있고, 정신적인 도움이 필요하다는 얘기만 하겠다고 대답합니다.

면담을 마치고 나온 조에는 기분이 영 말이 아닙니다. 조에의 부모님은 학교에 불려오는 것을 무척 싫어합니다. 그리고 부모님은 분명 조에가 답할 수 없는 질문들을 잔뜩 던질 것입니다. 조에는 아이들이 모두 보는 앞에서 눈물을 흘리며 루에게 쏘아붙였습니다.

"내가 너한테 어떻게 해달라고 했어? 대체 왜 다른 사람들한테 내 목숨을 구해달라고 하는 거야? 구원자라도 되고 싶은 거야? 나를 가만히 좀 내버려둬, 루. 진심이야. 나는 지금 그런 게 필요한 게 아니야.”

조에는 루에게서 등을 돌렸고, 다른 아이들도 조에를 뒤따라갑니다. 루는 아연실색합니다. 친구를 돕고 싶었던 건데, 이렇게 아이들 사이에서(일시적이었으면 하고 루는 바라지만) 배제된 것입니다.

그날 저녁, 집에 돌아간 루는 스냅챗에서 자신에 관한 온갖 끔찍한 말을 발견합니다. 마지막에 있는 조에의 말에 루는 가슴이 찢어지는 것 같았습니다. ‘네가 정말로 나를 생각했다니, 정말 웃긴다.’ 심장이 부서집니다. 루는 미안하다고 말하며 조에를 곤란하게 하려던 생각은 아니었다고 답합니다. 그러나 곧 다른 아이들이 가담해 루에게 적개심이 가득한 말들을 쏟아냅니다.

루는 이 상황을 어머니에게 설명했습니다. 어머니는 학교 전담 상담사를 찾아간 것은 잘한 행동이었다고 말했습니다. 그리고 상황이 잦아들지 않으면 어머니가 직접 상담사를 찾아가 사태를 진정시켜 달라고 말해야겠다고 합니다. 루는 어머니의 개입에 회의적입니다. 그런 행동만큼은 제발 하지 말아달라고 어머니에게 부탁합니다.

루는 분노가 지나가기를 바라며 며칠을 기다려봅니다. 그

렿지만 루는 여전히 무리에서 배제된 상태고, 매일 저녁 욕을 얻어먹습니다. 루는 아무런 답도 하지 않지만 메시지를 확인하지 않을 수는 없었습니다. 공격적인 말들에 루는 위축되었고 집에서는 점점 더 공격적으로 변해갔습니다.

어느 날 저녁, 페이스북 계정을 로그아웃하는 것을 깜박한 채로 샤워를 하고 나오는데, 어머니가 온라인 대화에 끼어들었다는 사실을 알게 되었습니다. 루의 어머니는 이런 메시지를 써두었습니다. '나는 루 어머니야. 정도껏 좀 하렴, 못된 애들 같으니. 조에를 생각해서 한 행동이란 거 너희들도 잘 알고 있잖아. 그러니까 루는 그만 괴롭혀. 안 그러면 너희 부모님께 연락할 거야. 괴롭힘은 범죄야.' 아무도 답이 없습니다. 루는 너무나 불안합니다. 대체 어떤 결과가 생겨날지 모르겠습니다.

이튿날부터 루는 모든 소셜 네트워크에서 차단당합니다. 학교에 가면 조에 무리가 루를 마주칠 때마다 비웃으면서 루 어머니의 안부를 묻습니다. 조에는 더 이상 루를 쳐다보지도 않습니다. 루는 이 모든 사건을 겪으며 에너지가 소진되고 마음도 지쳐 다른 관계를 맺을 만한 기력이 없습니다. 더 이상 학교에 나가지 말까도 생각해봅니다.

자신의 아이가 다른 아이들에게 어떤 대접을 받는지를 보고 화가 났을 여느 수많은 부모와 마찬가지로, 루의 어머니도 진심으로 상황을 해결하고자 했습니다. 하지만 갈등에 직접 개입하면서 오히려 딸의 취약한 위치를 더욱 강화하고 상황을 악화시켰습니다.

피해 학생이 전형적으로 보이는 반응이 있나요?

우리는 괴롭힘 피해 학생들의 주된 행동 방식 세 가지를 발견했습니다. 물론 이렇게 유형을 다듬어나가는 과정에서 학생들 저마다 고유한 면모가 있다는 사실도 고려했습니다. 이런 행동 방식들은 대개 실패에 천착하는 편입니다. 그래서 피해 학생들을 엉뚱한 방향으로 이끌게 됩니다.

아이들은 자신이 정말로 받아들여지고 싶은 집단과 멀어지지 못합니다. 이는 초등학교에서 흔히 볼 수 있는 태도지만 중학교에서도 찾아볼 수 있습니다. 특히 여자아이들 무리에서는 말입니다. 바로 이런 경우에, 과거의 우정을 그리워하는 아이들이 친구 관계를 회복하려는 희망을 품고 무리에게 다가가는 일이 무척 비일비재합니다. 전혀 매력적일 리 없는 절박함이 감도는 끈질김을 풍기면서 말이죠. 어떻게 보면 언젠가는 자신이 받아들여질지도 모른다는 희망을 품고 다가가는 이런 태도는 진정한 학대가 일어나도록 부추기는 셈입니다. 이와 같은 태도는 다음과 같은 한마디로 정리할 수 있습니다. '날 배제하지만 않는다면 내게 무슨 짓을 하든 상관없어.' 그렇게 되면 가해 학생들은 피해 학생이 어떤 일이든 받아들일 자세가 되어 있다는 사실을 눈치채고 이 점을 아주 적극적으로 활용합니다.

공격이 갑자기 일어날 때면 아이들은 가해자(들)에게 "그만해"라고 부드럽게 얘기하며 맞섭니다. 그리고 가해 학생을 만나는 일을 피하고자 갖은 수를 씁니다. 심지어는 디지털상에서도 말입니다. 아이들은 모든 수단을 동원해서 자신의 존재감을 최소화합니다. 초등학교에서 어떤 아이들은 교실을 피난처로 삼습니다. 중학교나 고등학교에서는 자신을 두렵게 만드는 공격을 피하고자 도서실이나 보건실로 몸을 숨깁니다. 어떤 아이들은 끝내는 학교에 갈 수 없는 상태가 되기도 합니다.

이렇게 피하면 두려움이 생겨나고, 두려워지면 피하게 되고, 그렇게 피하면 두려움은 더욱 커집니다. 이런 부류에 해당하는 아이들이 가해 학생에게 전하는 본질적인 메시지는 다음과 같이 정리해볼 수 있습니다. '그만해. 그렇지만 너희가 계속 괴롭혀도 나는 아무런 영향도 끼칠 수 없을 거야.'

괴롭힘 가해 학생들은 이런 모든 태도에서 드러나는 두려움을 인지하고, 자신에게 아무런 위험이 없다는 사실을 확신하게 됩니다.

또 어떤 아이들은 통제력을 완전히 잃고 아주 격하게 폭발하곤 합니다. 구경거리가 될 정도로 눈물을 흘린다거나, 상기된 얼굴로 온갖 욕을 한다거나, 흐트러진 몸짓을 한다거나, 과도한 난폭함을 드러내는 등입니다. 이처럼 자제력을 잃는 것이야말로 바로 가해 학생들이 바라는 것입니다. 이는 곧 자신들이 누군가의 행동에 영향을 끼칠 수 있는 능력이 있음을 보여주는, 부정할 수 없는 증거입니다.

한마디로 얘기하면, 피해 학생의 결심과는 전혀 관계가 없는 이런 태도는 다음과 같은 메시지를 전달합니다. '그만해. 그렇지만 너희가 계속 괴롭히면 나는 완전히 무력해지고, 너희들 앞에서 웃음거리가 될 거야.' 자기들 때문에 자제력을 잃었다는 사실에 신이 난 가해 학생들은 분명 조롱과 공격적인 행동을 점점 더 심하게 하면서 악의에 가득 찬 웃음을 지을 것입니다.

아이에게 가장 먼저 던져야 하는
질문은 무엇인가요?

무엇보다도 상황을 명확하고 상세하게 파악하는 일이 가장 시급합니다. 이는 섬세하게 해야 하는 작업입니다. 대개 괴롭힘 피해 학생들은 자신을 고통스럽고 무력하게 만들었던 일들을 딱히 이야기하고 싶은 마음이 없기 때문입니다. 그러므로 아이들이 그 악몽을 끄집어내기 전에 먼저 양해를 구해야 합니다. 우리가 도움을 주려면 사실을 정말 잘 이해해야 한다는 점을 확실히 밝히면서 말입니다. 마치 조사에 나선 사설탐정처럼요. 아이가 고통스러웠던 일을 이야기하다가 울음을 터뜨린다면, 아이의 고통을 얼마나 이해하는지 얘기하면서 슬픔을 받아줘야 합니다.

거의 대다수의 경우, 도움을 받아들인 아이들은 문제를 해결하는 데 필요한 모든 요소를 엄청난 열의를 품고 내어준다는 사실을 잘 유념해야 합니다. 아이들이 믿는 한에서는 말입니다.

괴롭힘 피해 학생이 자신을 도와주려는 어른에게 답해줄 수 있어야 하는 질문들은 다음과 같습니다. 그러지 않으면 전략이 부적절해지거나, 별다른 힘을 발휘하지 못하거나, 충분히 구체적이지 못해서 역효과가 날 수 있습니다.

- "누가 너를 못살게 구니?"
- "언제 못살게 굴었니?"
- "어디서 못살게 굴었니?"
- "일주일에 몇 번이나 괴롭히니?"
- "언제부터 그렇게 괴롭혔니?"
- "괴롭힘을 주동하는 아이는 한 명이니, 아니면 여러 명이니?"
- "가장 최근에 괴롭힘을 당했던 경험 세 가지를 조금 더 자세하게 설명해줄 수 있겠니?"
- "어떻게 괴롭힘이 시작됐니?"
- "너는 어떤 행동을 했니?"
- "다른 아이들은 어떻게 반응했니?"

마치 영상 속 장면을 그려보는 것과 같습니다. 특히 어린아이들에게는 그림을 그려보라고 하는 게 상황을 효과적으로 시각화하는 방법인 경우가 많습니다. 어떤 어린이나 청소년은 내면으로 매우 깊이 파고든 상태라 기억이 전혀 없기도 하고, 그 장면을 회상하는 것이 너무 어렵기도 합니다. 이런 경우는 다음에도 힘든 상황이 벌어지면 우리를 위해서라도 잘 관찰해달라고 부탁해야 합니다. 그래서 그 뒤에 또 괴롭힘이 일어났을 때 대응할 방법을 구상할 수 있도록 말입니다.

"괴롭힘이 벌어진 뒤에 너는 뭘 했니?" "학교에 있는 어른들은 어떤 행동을 했니?" 이런 질문들은 효과가 없었던 조치를 또다시 반복하지 않게 해줍니다. 특히 상황을 악화시킨 전략과는 반대되는 전략을 함께 고안할 수 있게 해줍니다.

정말로 아이를 돕는
부모의 행동은 무엇인가요?

분위기를 주도하는 아이가 누구인지를 분명하게 파악하고 나면 그리고 이제 주도자를 권좌에서 끌어내릴 차례라면, 부모는 아이가 180도 방향을 바꾸도록 만드는 일에 착수할 수 있습니다. 이렇게 방향을 틀도록 만드는 일은 물론 매번 구체적이고 개인적입니다. 그리고 아이가 딱 필요한 순간에 반격할 수 있는 능력이 어느 정도인지, 주도자의 특징이 무엇인지, 혹시 강압적일 수도 있는 분위기를 만드는 요소가 무엇인지 고려해야 합니다.

첫 번째 경우(무리 안에 받아들여지기를 바라는 경우) 아이가 180도 방향을 바꾸게 만드는 방법은 주로 대안을 보여주고 자유롭게 선택하도록 하는 것입니다. "네가 계속 그 아이들과 어울리고 싶어 하면 그 아이들도 그 사실을 잘 아니까, 종종 너를 괴롭힐 거야. 그렇지만 그 무리의 일원으로 남긴 하겠지. 적어도 잠깐은 말이야. 하지만 일원으로 남을 순 있어도 발길질을 당하게 돼. 아니면 네가 더 이상 그 아이들 사이에 끼고 싶지 않다고 마음먹을 수도 있어. 그러면 너는 혼자 남겨지거나(무척 두려운 일이지), 아니면 다른 친구들을 사귀게 될 거야. 그 친구들은 분명 인기가 덜한 아이들이겠지. 결정을 내리는 건 오로지 너야."

아이가 전자를 선택한다면 이를 존중해야 합니다. 거의 모든 경우(98퍼센트)* 아이들은 무리를 떠나는 방법을 선택한다는 사실에 주목해야 합니다. 이는 오래전부터 그렇게 하라고 조언해왔던 부모들을 무척이나 놀라게 만드는 결과입니다. 바로 아이에게 선택권이 있었기 때문이고, 우리가 어떤 한 가지 선택을 강요하지 않았기 때문입니다. 우리는 그저 각각의 선택과 관련해 위험한 점과 포기해야 할 점을 명확히 판단하도록 아이들을 도와주었을 뿐입니다.

두 번째 경우(회피하기, 괴롭힘이 일어날 때 아무런 반응도 하지 않기) 아이에게 이렇게 말해줘야 합니다. "계속 두고 보면서 (내 입장에서) 결과를 잘 생각해보자. 가해 학생의 행동이 얼마나 어리석은지를 명확하게 보여주는 결과를 낳을 수 있도록

* 2016년 론-알프스와 부르고뉴 지역 샤그랭 스콜레르 센터에서 실시한 괴롭힘 상담 결과를 바탕으로 추출한 표본.

치밀하게 생각해보자."

세 번째 경우(괴롭힘 피해 학생이 과도하게 반응하는 경우) 아이가 180도 다르게 행동하도록 하려면 통제력을 잃는 대신 엄격하게 응수하고 극단적인 자세를 취해서 가해자를 아주 불편하게 만들어야 합니다. 그렇게 하면 피해 학생이 통제력을 잃도록 조정하던 힘이 더 이상 효과를 발휘하지 못하기 때문입니다.

어떤 경우든 간에, 기존에 시도했으나 아무런 수확이 없었던 전략과는 정반대의 결과를 내는 전략을 제시해야 합니다.

형제자매 사이에서도 괴롭힘이 일어날 수 있나요?

괴롭힘은 두 사람 이상이 모이는 바로 그 순간부터, 어떤 인간적인 관계 안에서도 일어날 수 있습니다(어떤 이들에게 고통을 안겨주는 자기 괴롭힘의 메커니즘은 여기서는 다루지 않겠습니다). 형제 관계가 고통을 낳는 일은 흔합니다. 그리고 몇 해가 지나도록 친밀하면서도 해로운 이런 관계 때문에 고통받는 환자들을 우리가 맞이하는 일도 빈번합니다.

이런 상황을 맞닥뜨리는 것은 부모에게 특히 고통스러운 일입니다. 개입하기로 선택해봤자 효과도 없는데, 상황에 개입한다는 것 자체가 불편한 감정을 불러일으키는 경우가 많기 때문입니다. 게다가 학교에서 괴롭힘 피해 아동이 겪은 고통이 형제 관계에 영향을 끼칠 수도 있습니다. 특히 자신의 고통을 풀기 위해 예전보다 더 공격적으로, 심지어는 잔인하게 대할 수 있는 동생이 있는 경우에는 더욱 그렇습니다.

통상적으로 봤을 때는 둘째 아이나 막내 아이가 연장자에게 괴롭힘을 당하는 편입니다. 그리고 그 반대인 경우도 더러 있습니다. 어떤 경우건 부모로서는 갈등을 가라앉히고자 갈등 상황에 관여하고 싶은 마음이 큽니다. 대개는 괴롭히는 일을 그만두라고 더 '강하게' 얘기하게 되는데, 이렇게 하면 괴롭힘이 일어나는 근원적인 이유를 더욱 강화하게 됩니다. 즉 연장자인 아이의 마음속에서 동생은 자기 엄마나 아빠의 예쁨을 독차지하는 존재가 되어버립니다. 그렇지만 형제자매가 잔인하게 굴어 아이가 눈물을 흘리는 모습을 본 부모들에게 아무것도 하지 말라고 하는 것은 불가능하지요.

이런 괴롭힘은 집에서 시작되어 학교까지 이어지는 경우가 많습니다. 게다가 이는 온라인상의 괴롭힘처럼, 피해 아동을 상당히 괴롭게 만듭니다. 위험이 없는 공간이 하나도 없기 때문입니다.

예전에 우리는 노라라는 아이를 만났습니다. 노라는 자신의 언니인 미나를 더 이상 견딜 수 없다고 했습니다.

"언니는 초등학교 5학년이고 저는 초등학교 3학년인데, 같은 학교에 다녀요. 학교에서 언니가 계속 찾아와서 저를 못살게 굴어요. 그러니까 항상 그러는 건 아니지만, 그래도 심심하거나 혼자 있을 때면 제 친구들 무리에 끼어들어서는 제가 집에서 친구들 흉을 봤다고 거짓말을 해요. 목소리를 낮추고 친구들 귀에다 대고 말한다니까요. 진짜 최악인 건, 제가 신경질이 나서 집에서 말했던 말들을 그대로 옮겨서 문제가 생긴다는 거예요. 한번은 언니가 오펠리라는 아이에게 할머니한테서 돈을 훔쳤다는 걸 알고 있다고 얘기해서 그 아이를 울렸어요. 제가 그 얘기를 엄마한테 하는 걸 언니가 들었거든요. 저는 엄마한테 비밀을 지켜달라고 약속을 받았는데 말이죠. 오펠리는 이틀이나 저한테 화가 나 있었어요. 다른 아이들은 제게 와서 엄마한테 친구들 비밀을 얘기하면 안 된다고 말했죠. 저녁에 집에 가서 제가 이런 일이 있었다고 설명하니까, 언니는 제가 너무 수다스럽다면서 자기는 벌도 안 받았다고 웃어댔어요. 엄마도 별로 대단한 일이 아니라고 얘기했지요. 전 언니가 없었으면 좋겠어요. 우리 언니는 너무 형편없어요."

형제자매 사이에서 괴롭힘이 일어나는 경우, 우리는 또래 학생들 사이에서 괴롭힘이 일어날 때와 똑같은 절차를 밟습니다. 우리는 피해 아동에게 실천할 수 있는 전략을 제시하면서, 이 괴롭힘의 구조에 빌미를 주지 않으려면 집에서 너무 불평하지 말아야 한다고 조언합니다.

이 사례에서 우리는 언니가 교실에 찾아오면 친구들 앞에서 이렇게 얘기하라고 노라에게 제안했습니다. "언니는 언니네 반에 친구가 없어서 내 친구들이 필요한가 봐? 언니가 매

일 저녁이면 방에서 운다고 친구들한테 다 얘기했어. 언니가
하는 이상한 말들을 내 친구들이 들어야만 언니 기분이 좋아
진다고 말이야. 나는 아무튼 언니 동생이니까, 그런 언니를 딱
하게 여기는 것도 당연하지!"

우리 아이의 모든 사회적 관계가 끊기면 어떻게 해야 할까요?

학교공포증 진단을 받고 우리를 찾아오는 대다수 아이의 경우, 공포를 유발하는 결정적인 사건은 괴롭힘과 관계가 있습니다. 또한 괴롭힘이 지속되고 있는지 멈췄는지는 상관이 없습니다. 심지어는 폭력적인 상황이나 따돌림을 목격했고, 자신에게도 그런 일이 벌어질까 봐 무서워하는 아이들도 이런 두려움을 품을 수 있습니다.

괴롭힘이 일어났던 학교에 더 이상 다닐 수가 없어 부모님이 전학을 시켜준 수많은 학생도 학교에 갈 엄두를 못 내거나, 학교에 기껏해야 몇 시간 정도 머무는 데 그치곤 합니다. 실제로 있었든, 상상 속에서만 존재했든 과거에 악몽을 불러일으켰던 당사자가 존재하지 않는데도 말입니다.

이에 부모들은 크게 걱정합니다. 아이의 머릿속에서 아주 고통스러운 싸움이 벌어지고 있다는 사실을 느낄 수 있기 때문입니다. 학교에 가지 말라고 소리치면서 몸이 그저 따를 수밖에 없는 두려운 감정과, 두려워할 이유가 전혀 없다고 얘기하는 머릿속의 이성적인 목소리 사이에서 벌어지는 싸움입니다. 아주 격렬한 이 싸움은 눈에 띄는 신체 증상들을 빚어냅니다. 이를테면 경련, 마비, 고통스러운 딸꾹질, 주체할 수 없이 흐르는 눈물 등입니다.

그런데 이때 나서서 아이들을 도와주려는 어른들이 오히려 아이들을 옴짝달싹하지 못하게 만드는 머릿속 싸움을 더욱 심화하는 경우가 많습니다. 왜 그럴까요? 아이는 감정적으로 두려움을 겪은 상태인데, 어른은 모든 일이 잘 풀릴 거라고 얘기하면서 아이의 감정을 부정합니다. 바로 이 행동이 두려움이라는 감정을 증폭시키고 이런 두려움을 자아내는 싸움을 키웁니다.

상담하러 오는 아이들은 이렇게 마음속에서 벌어지는 싸움을 떠올리며 양가감정을 느낍니다. 따분하기도 하고, 친구들을 다시 보고 싶기도 하고, 새로운 소식을 듣고 싶기도 해서 학교로 돌아가고 싶은 마음도 품습니다. 그러면서도 한편으로는 학교에 간다는 생각만으로도 두려워하고는 합니다.

그렇기에 우리는 아주 신중하게 행동해야 합니다. 그리고 아이들에게 초등학교나 중학교로 돌아가는 것이 목표가 아니라고 얘기해줘야 합니다. 온라인 교육 같은 해결법도 있기 때문입니다. 우리의 유일한 목표는 아이가 두려움에 덜 압도당하도록 돕는 것입니다. 이 사실을 아이에게 명확히 밝히고 나서, 학교로 돌아갈지 아닐지는 아이가 자유롭게 선택하도록 내버려둡니다.

이런 점을 명확히 알려주지 않는다면 어린이나 청소년이 더 이상 두려움을 품지 않는 상태 자체에 대해 두려움을 품을 위험이 있습니다. 그러면서 이렇게 생각할 수도 있습니다. '내가 두려움을 덜 느끼면 학교에 가게 되겠지. 그런데 나는 학교에 가기가 너무 두려워.' 그렇게 되면 치료를 받으러 오지 않게 됩니다.

이와 같은 원칙을 제시한 다음에는 아이들과 함께 가장 두려움을 불러일으키는 요소가 무엇인지 직면하고자 노력합니다. 그렇게 해서 아이가 정신적으로 준비하고, 이 싸움이 더 심해지는 것을 멈출 수 있도록 말입니다. 우리는 아이가 정서적이고 정신적인 메시지에 발맞춰 일상생활을 할 수 있도록 힘을 불어넣습니다. '내 감정은, 내 두려움은 내가 학교에 가지 말아야 하는 아주 합당한 이유가 있다고 알려주고 있어. 그 이유를 정면에서 바라보도록 내 뇌에 부탁할 거야.' 아이는 이렇게 생각하는 법을 익히게 됩니다. 이는 매우 어려운 훈련입니다. 대체로 사람들은 자신에게 두려움을 안겨주는 걸 생각하지 않으려고, 피하려고 하기 때문입니다.

우리는 떠올려볼 수 있는 가장 끔찍한 상황이 일어나면 어떤 행동을 하거나 어떤 말을 할 수 있을지 상상해보도록 아이를 이끕니다. 괴롭힘 상황에서 적용하는 것과 동일한 방식대로 말입니다. 이는 아주 복잡한 과정으로, 자신의 두려움을 길들일 수 있도록 마주하는 방법입니다. 전문 치료사의 도움을 받으면 좋은 경우가 많습니다.

폭력을 멈출
방법이 있을까?

괴롭힘은 나쁘다고 가해 학생에게
설명하는 것은 왜 효과가 없나요?

    다른 사람에게 피해를 준다고 가해 학생의 도덕심에 호소하는 것은 별로 효과가 없습니다. 다음의 도식은 그런 식의 얘기가 특히 중학교에서는 왜 소용이 없는지를 잘 설명해줍니다.

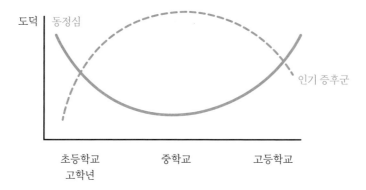

앞서 우리가 언급했던 인기 증후군은 중학교 생활을 하는 4년° 동안(그리고 초등학교 5학년부터 시작되는 경우가 점점 늘어나고 있습니다) 아이들의 모든 행동과 사고방식에 스며듭니다. 이는 부모들의 불안을 일으키는데, 앞선 세대가 겪던 것보다 훨씬 큰 불안입니다. 오늘날에는(한 10년쯤 전부터는) 다른 아이들과 놀기보다는 혼자 있거나, 독서 또는 그림을 더 좋아한다는 사실이 어른들에게 무척 걱정을 불러일으킵니다. 따라서 (오해를 받아서든 실제로 그렇든 간에) 사교적이지 않다고 여겨지는 모든 아이는 문제를 겪고 있다고 여겨집니다.

사교적 행동과 관련된 이런 우려는 실제로 아이들 사이에서 제법 크나큰 반향을 일으킵니다. 그래서 다음과 같은 모순적인 정언명령으로 아이들의 마음속에 자리를 잡지요. '또래들에게 사랑을 받아야 하고, 또래와 상호작용하는 걸 즐겨야 한다.' 그러지 못하면(이를테면 생일 파티에 초대받는 일은 생일 파티가 얼마나 많이 열리는지 교사들에게 주기적으로 물어보는 부모들에게 아주 좋은 지표가 됩니다) 아이들은 마음이 불편합니다. 그래서 사탕이나 장난감, 더러는 돈을 가져다주며, 즉 우정을 구걸하며 사랑을 받기 위해 서투른 시도를 합니다.

● 프랑스의 교육 과정에서 초등학교 과정은 5년, 중학교 과정은 4년이다. 중학교는 6, 5, 4, 3학년으로 구성되며 3학년이 마지막 학년(최고 학년)이다. 11~14세 학생들이 다닌다(옮긴이).

이는 역효과를 유발합니다. 전반적으로 요즘 초등학생과 중학생 세대가 이처럼 인기를 추구하는 행태는 사실상 정신적인 생존을 도모하기 위한 우선순위가 되었습니다. 고등학교에서는 이만큼 우선순위로 취급을 받지는 않지만, 그래도 15~18세 청소년들 사이에서는 여전히 중요한 관심사입니다.

마찬가지로, 이 시기에는 동정심과 공감 능력도 줄어듭니다. 또래 사이의 평판이 가장 중요한 이 시기에는 동정심과 공감 능력이 아이들 사이에서 높이 평가받는 자질이 아니기 때문입니다. 고등학교 생활을 하는 동안, 처음 연애를 해보면서, 시민으로서 처음 정치적 논쟁을 벌이면서 서로를 존중하고 함께 살아간다는 가치가 다시금 중요해지지만 중학교 때는 우선순위로 삼는 가치가 아닙니다.

그 결과 아이들의 일상생활에서 인기를 추구하는 일이 얼마나 중요한지를 전혀 감안하지 않고 도덕성에 호소하는 얘기는 실패할 수밖에 없습니다. 이는 어른이 다른 어른에게나 할 법한 얘기입니다. 선의가 가득한 말이며 합당합니다. 도덕적으로 흠잡을 데가 없습니다. 그렇지만(바로 그렇기 때문에!) 아이들에게는 전혀 받아들여지지 않거나 거의 받아들여지지 않습니다.

오빠나 형, 언니나 누나가 개입할 수 있을까요?

괴롭힘이라는 현상에 관한 우리의 분석에 따르면, 특히 인기 증후군에 관한 분석에 따르면 나이 많은 형제자매가(당연히 성인이어서는 안 되겠죠) 개입하는 일은 효과가 있을 수도 있습니다. 왜일까요? 학교 운동장에서 통하는 코드는 제법 명확하기 때문입니다. 아이들 사이에서 생겨난 문제를 아이들끼리 해결하지 않을 경우 아이의 취약한 입지는 더욱 악화됩니다. 그리고 초등학교 고학년이나 중학교에 다니는 학생들 사이에서 자기보다 나이 많은 아이나 청소년은 기본적으로 인기가 있습니다. 따라서 괴롭힘 때문에 더 나이 많은 아이에게 냉대를 받거나 멸시를 당한다는 사실 자체만으로 상호작용에 걸림돌이 생길 수 있습니다.

이렇게 상호작용에 걸림돌을 만들어내야 한다는 점은 이

책을 시작할 때부터 우리가 강조한 사항입니다. 더 어린 두 아이 사이에서 일어나는 상보적 고조를 멈추기 위해서 말입니다. 가족 관계라는 사실 때문에 개입의 효과가 조금 약해지기는 하지만, 그래도 다른 어른이 개입하는 것보다는 훨씬 효과적일 것입니다. 다시 얘기하지만, 어른은 유명인이 아닌 이상 그 누구라도 초등학교나 중학교나 고등학교에서는 인기가 없습니다.

아이의 오빠나 언니의 친구가 개입하게끔 할 수 있다면 분명 효과가 클 것입니다. 그리고 물리적 괴롭힘을 당하거나 돈을 빼앗긴 아이가 혹시 반이나 학교에서 힘이 센 다른 아이에게 숙제(또는 시험) 답을 알려줄 테니 가해자 아이를 위협하는 눈빛(또는 위협하는 행동)을 해달라고 부탁할 수도 있습니다. 그렇게 해서 방어를 하는 아이는 곧바로 관계적인 차원에서 능력이 있다는 점을 보여줄 수 있고, 그러면 가해자 아이를 당황하게 만들 수 있습니다.

우리는 피해 아동이 싸움을 벌일 가능성조차 떠올리지 못할 때 바로 이 전략을 권장했습니다. 이런 상황에서는, 특히 남자아이들 사이에서 벌어지는 일일 경우 맞을지도 모른다는 두려움은 아주 분명한 신호 역할을 해서, 괴롭히는 행위가 전혀 처벌을 받지 않은 채로 세를 뻗칠 수 있습니다. 흥미로운 사실은 이와 같은 방법을 권했을 때 힘이 센 아이가 상대가 누군지 묻지도 따지지도 않고 행동에 나섰고, 이로써 도움을 요청한 아이는 사교성이라는 차원에서 곧바로 자신감을 조금 회복했다는 점입니다.

그렇지만 이 전략은 단기적으로는 도움이 되어도, 장기적으로 볼 때는 크게 도움이 되지 않습니다. 아이가 자신의 자원을 활용해서 상황을 벗어나기보다는 다른 사람의 자원을 활용해서 벗어난 것이기 때문입니다. 아이의 앞으로의 삶에 그다지 유용한 교훈을 주지는 못합니다. 이런 대처법은 그저 비슷한 상황이 벌어질 때면 상대방에게 충분히 강한 인상을 심어줄 만한 경호원이 필요하다는 사실을 알려줄 뿐입니다.

아이가 반드시 말을 해야 하나요?
그리고 누구에게 말해야 하나요?

이 질문은 말이 지닌 내재적 위험을 고려하면서 답을 찾아야 합니다. 많은 아이가 자신이 한 말이 불러올 결과를 아주 잘 평가하며, 차라리 입을 닫는 쪽을 택합니다.

그럼에도 말하고 싶은 마음은 사라지지 않기에, 몇 년 전부터 곳곳에서 터져 나오고 있습니다. 2011년 이후 학교에서 일어나는 괴롭힘을 다루는 모든 동영상은 바로 이런 메시지, 즉 다음과 같은 암묵적인 약속을 담고 있습니다. 바로 얘기를 하면 괴롭힘을 당한 아이는 보호를 받고, 구출되고, 괴롭힘이 멈출 것이라는 약속입니다. 안타깝게도 이는 사실이 아닙니다. 이 때문에 수많은 아이가 씁쓸한 경험을 했습니다. 가해 학생이 설교를 듣고 처벌을 받는 행동 방침이 거의 효과를 발휘하지 못하는 경우가 많았던 것입니다.

바로 이런 이유로, 어른들은 도움을 주기에 앞서 아이의 신뢰를 회복할 방법을 찾아야 합니다. 그러려면 충분한 능력을 지닌 다양한 분야의 전문가들로 팀을 꾸려서 가해 학생에게 벌을 주는 것 말고 다른 방안을 제시해야 합니다. 그 방안은 괴롭힘으로 취약해진 아이가 힘을 갖추게 해줄 수 있어야 합니다. 그래야 피해 학생이 완전한 자율권을 쥐고 괴롭힘을 멈추게 할 수 있기 때문입니다.

교내 간호사, 학교 전담 상담사, 심리 상담사, 교내 의사는 효과적인 중계자들입니다. 하지만 효율적인 행동을 취하지 않고 고통스러운 상황에 관한 설명을 들어주는 것만으로는 딱히 소용이 없습니다. 괴롭힘도, 그에 따른 고통도 계속 이어질 뿐만 아니라 학교 관계자들 사이에 괴로운 무력감을 만들어냅니다. 게다가 사실과 달리 학교 관계자들이 보수적으로 처신하고 상황에 무관심하다는 아주 부당한 비난을 부모에게서 들을 수도 있습니다.

팰러앨토 학파의 실천가들은 첫 회의 자리부터 부모가 동석하도록 합니다. 그러면 부모의 관점을 이해할 수 있고, 이 상황을 막고자 이미 했던 행동이 무엇이었는지 알 수 있습니다. 효과가 있었든 없었든 간에 말입니다(아무런 효과도 없었던 경우가 많습니다).

흔히 부모들은 자신의 아이가 누구에게도 이야기하지 않

으려 한다고 얘기합니다. 그 이유는 괴롭힘 사건을 한 번 더 이야기하는 일이 아주 고통스럽기 때문에 그리고 이미 어른에게 사실을 털어놓았지만 그 어떤 변화도 볼 수 없었기 때문입니다. 심지어는 상황이 더 악화된 경우도 많습니다. 어떻게 본다면 이미 아이는 어떤 어른도 자신의 문제를 해결할 수 있게 도움을 줄 수 없다고 믿는 것입니다.

그렇지만 부모가 이미 시도했던 것과 전혀 다른 개입 방식을 제시해보라고 아이에게 말하면, 상담을 받으러 오지 않겠다고 거절하던 아이들 대다수가 상담 약속을 잡아달라고 부모에게 부탁합니다. 상황에 영향을 끼칠 방법을 우리가 제공할 것이라는 걸 아이가 이해했기 때문입니다.

괴롭힘을 해결하기 위해 훈련을 받은 사람들을 제외한다면, 피해 아동을 이해하고 도울 수 있는 적임자는 바로 청소년들입니다. 피해 아동이 주변에서, 이를테면 자기 가족 안에서 찾을 수 있는 그런 청소년들 말입니다.

학교가 별다른 조치를
취하지 않는다는 게 사실인가요?

　실제로 이는 몇몇 학생의 부모들이 학교와 교사들에게 던지는 비난이기도 합니다. 하지만 대체로 부당한 경우가 많습니다. 악의가 있어서라기보다는 무능해서 벌어지는 일이기 때문입니다. 이런 사실은 수많은 전문가와 주고받는 대화를 통해서도 드러납니다. 수많은 교장 선생님, 학교 전담 상담사, 교사, 교내 간호사들은 선의를 품고 제도에 명시된 조치를 엄격하게 적용합니다. 이와 같은 조치 역시도 선의에서 만들어진 것들입니다. 제도적인 조치 사항을 다시 한번 떠올려 보면 다음과 같습니다.

- 피해 학생을 만나 사실관계를 확인하고, 학교에 있는 모든 어른이 피해 학생을 지지해줄 것이라고 확인시켜 준다.

- 목격자들을 만난다. 만약 목격자들이 괴롭힘을 부추겼을 경우 의식을 고취한다. 그리고 사회심리적 능력과 관련된 노력을 기울인다.
- 가해 학생을 만난다. 공동생활의 규칙을 일깨우고, 괴롭힘이 불러일으키는 결과를 주지시키며 괴롭힘을 멈추도록 요청한다. 마지막으로 폭력적인 상황을 해결하는 데 기여하도록 제안한다. 괴롭힘의 속성과 심각한 정도에 따라 교장 선생님은 훈육 차원에서 어떤 조치가 이어질 수 있는지 알린다.
- 가해 학생 부모와 피해 학생 부모를 호출한 뒤, 똑같은 이야기를 확실히 주지시킨다.

제가 보기엔 이 절차가 지닌 특성 때문에 괴롭힘이 지속되는 것 같습니다. 그래서 또다시 부모는 화를 내고, 학교 관계자는 죄책감을 느낍니다. 이와 같은 절차는 사실상 괴롭힘이 벌어지게 된 관계의 구조 자체를 전혀 바꾸지 않습니다. 피해 아동이 스스로 상황에서 벗어날 수 있도록 구체적으로 할 수 있는 일을 전혀 제시하지 않기 때문입니다.

그렇지만 얼마 전부터 "[괴롭힘 피해] 아동이 상황을 해결하는 데 참여하도록 제안"하는 일이 필요하다고 명시하고 있습니다. 이는 행동 방침 차원에서 아주 흥미로운 혁신입니다. 아이가 구체적으로 할 만한 행동들을 명확하게 밝히는 수준에는 아직 이르지 못했지만 말입니다. 예방을 위한 조치에 덧붙여 피해 학생에게 필요한 능력을 갖추게 해서 괴롭힘 문제를 해결하는 데까지 나아간다면, 학교 관계자들은 다양한 해결 방침을 실시할 수 있어 매우 만족스러워할 것입니다.

제가 학생인데 피해 학생을
돕고 싶다면 어떻게 해야 하나요?

자주 듣는 질문입니다. 사실 학생들은 괴롭힘 상황에 개입하면 자신의 인간관계가 표적이 될 수 있다는 사실을 직감적으로 또는 경험을 통해 알고 있습니다. 그 때문에 다른 학생들이 개입하는 일이 그토록 드문 것입니다.

반대로, 피해 학생이 직접 실행할 수 있는 방어 전략을 다듬도록 도와줄 수 있다는 사실을 알게 되면 학생들은 이를 실천하기가 훨씬 쉬워집니다. 심지어는 우리가 학교에서 자발적으로 참석하는 학생들을 대상으로 꾸리는, 대항 전략을 구상하는 연구회에 열정적으로 참여하기도 합니다. 자기 자신에게 이런 전략이 필요한 것이든, 친구를 위해 이런 전략을 세우는 것이든 간에 말입니다.

이는 좋은 일입니다. 청소년들 가운데 특히 어떤 아이들은 적절하고도 현대적인 방침을 찾아가는 과정에서 엄청난 창의력을 발휘합니다. 그렇지만 엄청나게 인기가 좋은 일부 어린이나 청소년도 도움을 줄 수 있습니다. 앞서 이 아이들이 피해 아동을 눈에 띄게 방어하는 과정에서 피해 아동의 평판을 회복시키고, 그렇게 해서 괴롭힘을 멈출 수 있다고 했던 것을 떠올려봅시다. 이와 같은 변화는 곧 피해 아동이 관계적인 능력을 인정받았다는 의미입니다.

제가 만난 가스파르라는 학생도 그런 경우였습니다. 가스파르는 중학교 6학년이었을 때 10명쯤 되는 4학년 남자아이들의 놀림감이었다고 말했습니다. 학교 식당을 갈 때면 정말로 악몽을 꾸는 느낌이었는데, 그 아이들이 자기 그릇에 물을 붓고, 디저트를 찔러대고, 더러는 치즈를 으깨서 머리카락에 발랐다고 했습니다. 2주라는 오랜 시간 동안 이런 시련을 겪다가, 어느 날 아이들이 전부 자리에 앉아 있을 때 한 4학년 여자아이가 괴롭힘 주동자에게 다가와 이렇게 말했습니다.

"그래, 이렇게 6학년을 겁주면서 자기가 남자답다고 느끼는 거야?"

그 후 그 아이들이 괴롭히는 일이 없었다고 가스파르는 얼굴을 붉히며 말했습니다. 나중에 저는 그 여자아이를 우연히 마주쳤고, 그 아이는 마치 신호를 보내듯 제게 미소를 지었습니다. 그 일은 제 삶을 바꾸었습니다.

그렇지만 이렇게 개입하는 일은 특정한 아이들만 할 수 있고, 또 그런 아이들만 효과를 낼 수 있습니다. 즉 오피니언 리더라고 할 만한 아이들만 할 수 있는 일입니다. 이런 행동의 기준은 우리의 관점과는 전혀 다릅니다. 어린아이든 어른이든 간에 말입니다.

피해자가 먼저 바뀌어야 한다는 건
상처를 주는 말 아닌가요?

과거에 괴롭힘을 당했던 아이나 그런 아이의 부모들이 바로 이런 점 때문에 우리와 우리의 방식을 지탄하는 경우가 심심찮게 있습니다. 특히 괴롭힘이 극적인 여파를 만들어냈던 (또는 그런 여파가 지금도 여전히 이어지는) 경우에는 더욱 그렇습니다. 이런 아이들과 부모들은 우리의 접근법 또는 그 근간이 되는 원칙을 사람들이 흔히 하는 말과 동일시합니다. 바로 이런 말이지요.

"그렇게 가만히 당하고 있으면 안 되지."

"그냥 싸우는 거니까 애들끼리 알아서 풀게 내버려둬."

"네 태도를 바꿔야지."

이런 말들이 어떤 점에서 상황을 더 악화하는지 이들은 잘 알고 있습니다. 더군다나 극단적인 결과가 벌어졌을 때는, 다르게 행동했어야 한다는 얘기를 듣는 일이 마음속 깊이 상처를 남깁니다.

우리는 이런 말들에 관해 피해자들과 그 가족들이 하는 얘기에 완전히 동감합니다. 이런 말들은 근본적으로 죄책감을 부여하는 동시에, 적절하고도 아이가 실행에 옮길 수 있는 행동 방침이 뒤따르지 않는 이상은 아무런 도움도 되지 않는 말입니다. 그래서 아이에게 "그렇게 가만히 당하고 있으면 안 되지"라고 말하고 그치면 전혀 소용이 없고 상황을 악화시키는 경우가 많은 것입니다. 아이가 이런 명령에 긍정적으로 반응할 수 없기 때문입니다. 두려워서 그럴 수도 있고, 고통 때문에 옴짝달싹하지 못하는 상태라서 어떤 행동을 할 수 있을지 전혀 생각이 안 나서 그럴 수도 있습니다.

그렇지만 바로 이런 말을 하는 사람들이 괴롭힘 피해 아동에게 죄책감을 안겨주지 않기 위해서라며 호소하는 내용은 바로 가해 아동에게 더욱 강력한 제재를 가하라는 것입니다. 우리가 보기엔 (통계 수치를 바탕으로 본다면) 이런 조치는 단순히 아무런 효과가 없는 것을 넘어서서 완전히 무책임한 일이 되기도 합니다.

근본적으로 괴롭힘을 멈출 방법을 실행에 옮길 수 있도록 도와주지 않고 마치 당연한 일이라는 듯이, 아니면 그런 걸 떠올리지 못했던 게 정말로 바보 같다는 듯이 "그냥 네가 너를 지키면 되는 거잖아"라고 피해 아동에게 얘기하는 것은 피해 아동의 마음속 깊이 죄책감을 안기는 일입니다. 그렇지만 피해 아동 대신 문제를 해결하는 것, 이를테면 처벌하는 것은 설령 단기적으로는 피해 아동의 부담을 덜어줄 수 있다 하더라도 결국은 피해 아동이 무력하다는 걸 이야기하는 셈입니다. 그리고 나중에 괴롭힘이 다시 일어났을 때 벗어날 수 있도록 도와주지 못합니다.

그보다는 이렇게 얘기하는 편이 훨씬 효과적일 것입니다. "네가 그렇게 쉬운 표적이 아니라는 걸 그 아이들에게 보여줄 거야. 이렇게 하면 돼." 그러면서 아이와 함께, 아이를 위해 전략을 세우고 아이가 스스로 자신감을 느낄 때까지 훈련하는 것입니다. 얼마쯤 지나 가해자에게 날카로운 말을 쏘아붙이고 온 아이가 우리에게 "더 이상 저를 못살게 굴지 않아요"라고 얘기할 때 우리는 아이들의 눈빛에서 자긍심을 확인할 수 있습니다. 그러면 우리는 아이들에게 이렇게 대답합니다. "그건 다 네 덕분이야." 아이는 서로가 존중하도록 만드는 능력을 습득했기 때문입니다.

괴롭힘을 멈추려면
어떻게 해야 할까요?

그 답은 오로지 피해 아동이 기존에 괴롭힘을 멈추고자 어떤 행동을 했는가에 따라 다릅니다. 시도했지만 소용이 없었고 심지어는 상황이 악화되었던 행동 말입니다. 앞에서 살펴보았듯이[43] 주로 나타나곤 하는, 아무런 효과가 없는 세 가지 행동 유형은 다음과 같습니다.

- "나한테 어떤 짓이든 해도 돼. 나를 이 무리에서 빼지만 않는다면 말이야."
- "그만해. 그렇지만 너희가 계속 나를 괴롭혀도 나는 아무런 영향을 끼치지 못할 거야."
- "그만해. 그렇지만 너희가 계속 나를 괴롭히면 나는 더 나약해지고 웃음거리가 될 거야."

따라서 완전히 정반대인 태도에서 출발해야 제대로 된 방어 전략을 세울 수 있습니다. 자신의 잔인함을 이용해 지금까지 인기를 얻어왔던 가해자가 정서적으로 교정받는 경험을 하게 만드는 게 주된 골자입니다. 가해자는 자신에게 인기를 가져다주었던 바로 그 잔인함이 곧 인기를 잃는 길이 될 수도 있다는 생각을 갑작스레 하게 될 것입니다. 모든 전략은 다음과 같은 방식이어야 합니다.

- 가해자들이 가장 자주 하는 공격에 대응한다.
- 집단의 우두머리에게 개인적으로 반격한다.
- 가해자들이 말하는 내용을 승인하면서도 활용해야 한다. "그래, 나 뚱뚱해", "그래, 나 못생겼어", "응, 나 친구 없잖아", "그래, 나 범생이처럼 굴지", "그래, 나 옷 별로 못 입어" 등. 그런 다음에는 가해자의 태도가 가소롭다는 점을 강조하는 식으로 대꾸해야 합니다.

독설을 던졌을 때 가해자가 그 어떤 대답을 하더라도 무력해지지 않기 위해 어떻게 대응할지를 상상하는 일이 무엇보다도 중요합니다. 아이의 조력자인 어른은 나올 수 있는 최악의 말이 무엇일지 예견하도록 해주고, 맨 처음에 가해자에게 했던 독설과 똑같은 방향을 유지하면서 그런 말에 어떻게 대응할지 함께 찾아주어야 합니다. 믿을 수 있는 어른이나 친구가 가해자 역할을 하면서 아이가 훈련할 수 있도록 돕는 것도 필수입니다. 이렇게 연극하며 연습한 것이 이튿날부터 자연스럽게 표출될 수 있도록 말입니다.

어느 시점에 상담을 받아야 하나요?

부모가 상담을 받으러 찾아오는 상황은 여러 가지가 있습니다. 일반적으로는 '상식적'이라고 하는 해결책이 효과가 없었을 때입니다(가해 아동의 부모에게 알리기, 학교에 알리기, 수업 중에 학교 폭력에 관해 배우기, 가해 아동에게 설명하기, 가해 아동 처벌하기, 전학하기).

아이가 적절한 대항 전략을 세우도록 도울 수 있을 만큼 부모가 정서적으로 강하지 않을 때도 상담을 받으러 옵니다. 피해 아동이 받은 공격을 바탕으로 방어 전략을 세우고, 또 그 공격의 강도에 비례해 방어 전략을 고안하려면 어른은 아주 고달플 것이 분명한 진실을 들을 마음의 준비를 해야 합니다. 아이에게 정서적인 애착이 없는 실무자는 부모보다 확실히 덜 상처를 받겠지요. 괴롭힘 상황이 유발하는 슬픔, 분노, 불안이 과도하게 넘치는 것은(어쩌면 이는 당연한 일입니다) 전략을 찾아가는 과정에서 효율이 떨어질 수 있습니다.

가족 안에서 초기 전략을 한 가지 또는 여러 가지 세워보았지만 효과가 없을 경우에도 상담을 받으러 옵니다. 부모가 자신이 세운 전략에 대한 확신이 없어 전문가에게 확인을 받고 싶을 때도 상담을 받으러 옵니다.

아이가 여러 가지 이유 때문에(특히 이미 부모가 효과가 없는 방식으로 개입했기 때문에) 과연 부모가 적절한 방식으로 도와줄 수 있는지 의구심을 품은 경우에도 상담을 받으러 옵니다. 아이는 자기 이야기를 어른들에게 할 수 있을 만큼 했지만 결국 어른들이 아무런 힘도 발휘하지 못해서 여전히 괴롭힘이나 따돌림을 당할 때도 상담을 받으러 옵니다. 또는 더 이상 괴롭힘을 겪지는 않지만, 그래도 계속해서 자신에게 일어난 일을 곱씹고 이 때문에 고통스러운 경우에도 상담을 받으러 옵니다. 물론 그 어떤 경우든 간에 어린이 또는 청소년이 먼저 요청해야 합니다.

스스로 대응하는 방법이
실패할 확률은 어느 정도인가요?

우리에게 상담을 받으러 오겠다고 요청한 아이들만을 대상으로 조사한 결과에 따르면 실패 확률은 15퍼센트 정도입니다. 우리가 아이를 위해서 세운 전략이 적절하지 않았을 경우, 아이는 다시 그 전략을 실행하지 않습니다. 그리고 아이는 우리가 괴롭힘에서 벗어나도록 도와줄 것이라고 더 이상 믿지 않습니다.

이는 확실히 쓰디쓴 실패여서, 우리는 우리가 준비했던 '화살'이 어떤 점에서 적합하지 않았는지 다시 살펴봅니다. 미래에 똑같은 실수를 저지르지 않기 위해서지요. 아이와의 관계가 여전히 좋다면 우리는 아이에게 다른 팀원을 만나보도록 제안합니다. 아이가 받아들일 때도 있고, 그러지 않을 때도 있습니다.

새로운 전략이 불러일으킬 반응을 우리가 구체적으로, 치밀하게 예상하지 못해서 실패하는 경우도 있습니다. 피해 아동이 독설을 날린 뒤에 가해자가 가차 없이 대응하고, 여기에 대비하지 못했던 아이가 대꾸하지 못하면 곧바로 상보적인 관계의 구조에 다시 빠지게 됩니다. 그러면 아이는 무척 모순적인 감정을 품고 이 경험을 마치게 되지요. 한편으로는 무언가 다른 말을 할 수 있었다는 자긍심을 느끼면서도, 또 한편으로는 그런 조치로 상대방을 막을 수 없었다는 어마어마한 실망감을 느낍니다. 그리고 앞으로 괴롭힘이 지속되거나 심지어는 심해질 수 있다는 두려움을 느끼지요.

이 경우는 우리가 아이와 충분히 훈련하지 못했기 때문입니다. 그러면 우리는 아이와 함께 다른 공격 방안을 살펴보고, 우리가 사용할 방법이 불러일으킬 모든 피드백에 관해 가능한 한 완벽하게 대비하도록 노력합니다. 그리고 새로운 전략에 온 힘을 쏟아부으며 그런 피드백에 대응할 방법을 궁리합니다.

한 예로 쥘과 그 무리에게 끊임없이 시달리던 피에르의 경우를 들 수 있습니다. 피에르는 눈을 내리깔고, 쥘의 무리를 마주치지 않도록 피하고, 괴롭힘이 끝나기만을 기다리며 그만하라는 얘기를 힘없이 했습니다. 우리는 피에르에게 쥘의 무리가 보이면 이렇게 외쳐보라고 제안했습니다.

"아! 마네킹 같은 이 몸을 또 한 번 찬미하려는 내 팬클럽께서 오셨군."

그러자 쥘이 다가와 피에르를 떠밉니다. 그러면 피에르는 이렇게 얘기할 수 있을 겁니다.

"너는 내 몸 만지는 게 그렇게 좋나 봐, 그치?"

이때 쥘은 피에르를 '호모'처럼 취급할 수도 있습니다. 그러면 피에르는 이렇게 말할 수 있을 겁니다.

"나는 어떤지 모르겠지만, 너는 거의 확실한 거 같은데. 나한테 이렇게 집착하는 걸 보면 말이야."

어쩌면 쥘이 세게 때릴지도 모릅니다. 그러면 피에르는 이렇게 응수할 수 있을 겁니다.

"하! 진짜 지독한 사랑이구먼."

그러고는 쥘에게 손 키스를 날립니다. 즉 어떤 일이 벌어지더라도 새로운 행동 방침을 유지하는 것입니다. 이런 식으로 훈련하면 가해자 아이가 공격적으로 나올 때 안심할 수 있다는 장점이 있습니다. 가장 끔찍한 시나리오까지도 이미 고려하고 있기 때문입니다.

그런데 이때 아이를 돕는 (우리가 아닌) 다른 어른들이, 피해 아동이 스스로 책임을 지는 것과는 반대되는 조치를 계속 진행해서 실패하는 경우도 있습니다. 피해 아동이 스스로 자신을 보호하겠다고 결심했는데, 동시에 가해 아동이 호출을 받아서 설교를 듣거나 피해자의 부모가 가해자의 부모에게 그만하도록 얘기해달라는 부탁을 받았을 경우 피해 아동의 대응 행동은 효과가 없을 수도 있습니다. 이런 경우에는 부모나 학교 관계자가 조치를 잠시 중단해야 합니다.

어째서 전학을 가는 방법이
항상 효과가 있지는 않은가요?

    괴롭힘 피해 아동이 전학했음에도 불구하고 다른 아이들과 상호작용하는 방식이 달라지지 않았으며, 또다시 괴롭힘이 지속되고 있다는 사실을 알게 되면 부모들은 무척 걱정하는 동시에 의기소침해집니다. 안타깝지만 지극히 자연스러운 결과입니다.

    취약함은 인기를 얻으려 하는 어린이나 청소년들의 주의를 끈다는 원칙에서 출발해봅시다. 게다가 과거에 괴롭힘을 당했던 아동이, 이제 막 새로운 학교에 와서 아는 사람도 별로 없다면 어떨까요? 이 아이는 말 그대로 이상적인 표적이 됩니다. 특히 예전 학교에서 피해 아동이 어른에게 이야기한다고 아무것도 해결되지 않는다는 사실만을 배웠다면 더더욱 취약할 것입니다. 결국 아이는 예전 학교에서 도망쳐야 했던 것이니까요. 아이와 부모의 무력감은 커질 수밖에 없습니다.

퀘벡 출신의 감독 얀 잉글랜드가 들려주는 일화는 이 점에 관해 많은 생각거리를 안겨줍니다. 실제 학교를 배경으로 한 괴롭힘에 관한 영화 〈1:54〉를 촬영하고 몇 주가 지난 뒤, 감독은 영화 속에서 가해자 역할을 맡았던 배우 두 명이 중학생들 사이에서 스타가 되었다는 사실을 알게 됐습니다. 파티에 초대해서 함께 있고 싶은 사람들이 된 거지요. 그런데 피해자 역할을 맡은 청소년에게는 아무도 말을 걸지 않았습니다. 심지어는 그 아이를 떠밀기도 하고, 물병을 던지기도 했습니다. 이는 아이들의 머릿속에 인기 증후군이 어느 정도로 깊이 뿌리 내리고 있는지를 보여줍니다.

괴롭힘에 스스로
맞서는 아이들

피해자가 위축되면
왜 상황이 악화되나요?

팰러앨토 학파의 실천가들에 따르면 괴롭힘이나 따돌림을 받는 아이들의 특정한 반응은 상황을 악화시킵니다. 이런 반응은 괴롭힘 과정의 처음부터 존재했던 상보적 고조를 강화하는데, 특히 가해자 아이는 스스로 전지전능하다는 감정을 강화하며 괴롭힘을 당하는 아이는 다시 한번 힘을 잃습니다.

괴롭힘이 벌어질 때면 아이가 가해자에게 그만하라고 무력하게 말하는 데 그치고, 또 평소에는 움츠러들어 있고, 시선을 피하고, 접촉을 피하고, 관계를 피하고, 괴롭힘이 일어나는 바로 그 순간에 그냥 참고, 줄곧 대면을 피한다면 이런 태도는 다음과 같은 암묵적인 메시지를 전달합니다. '그만해. 그렇지만 네가 계속한다고 해도 나는 아무런 영향을 끼칠 수 없을 거야. 나는 네게 대적할 만한 힘이 없으니까.'

이런 메시지는 가해 학생의 권력을 강화하며, 어떤 면에서는 아무런 위험 없이 괴롭힘 행동을 계속할 수 있다는 보장을 해주기도 합니다. 동시에 이렇게 피하고 대면하지 않는 행동은 피해 학생 본인에게 자기 비하라는 메시지를 전합니다. 이런 자기 비하 감정은 피해자를 훨씬 더 취약하게 만들 수밖에 없습니다. 피해 학생은 자신이 형편없다고 느끼며 한층 움츠러듭니다.

어른들에게 도움을 요청할 때도 상황은 마찬가지입니다. 어른들이 일종의 경호원처럼 개입하게 되면(가해 학생들에게 직접 맞서건, 가해 학생의 부모에게 맞서건 간에) 이런 상황은 피해 학생이 얼마나 취약한 상태에 있는지 아주 극명하게 보여줍니다. 우리가 지켜본 결과, 얼마 전부터 중학교에서 '피해자'라는 용어가 최고의 모욕이 되었다는 사실은 이렇게 위축되는 모습이 얼마나 역효과를 낳는지 잘 보여줍니다. 마치 일부 사람들이 내뱉는 이런 이상한 말처럼 말입니다. "그런데 피해자가 될 만한 짓은 전부 다 했네."

가해자에게 화를 내는 행동은
왜 효과가 없나요?

그때그때 일어나는 공격의 강도에 걸맞게 아이가 대응하지 않으면(우리가 보기에는 피해 아동은 일상적으로 견디는 고통의 크기에 비례해서 반응합니다) 이는 또 다른 형태의 상보적 고조가 됩니다.

이처럼 감정적인 통제력을 상실하면 피해 아동은 어린아이 같고, 충동적이고, 사회적인 코드에 익숙하지 않다고 여겨집니다. 따라서 기본적으로 이런 점에서 다른 아이들보다 더 약하다는 취급을 받지요. 아이는 자제하지 못하고 구경거리가 되고 맙니다. 집단 안에서 살아남으려면 자신을 통제하고 청소년들의 코드를 익히는 것이 필수적인데 말입니다.

게다가 괴롭힘 때문에 어떤 아이가 통제력을 잃어버리면 이는 즉각적으로 엄청난 반향을 불러일으켜서, (구경꾼들에게는) 우스꽝스러운 상황과 더불어 자신은 강하다는 정서를 불러일으킵니다. 이런 식의 '위기'를 겪고 나면 피해 아동은 자신이 더 약하고 부적절해졌다는 느낌을 받으며, 수치심을 느끼는 경우가 비일비재합니다. 가해 학생은 자신의 권력을 훨씬 또렷하게 자각하며 힘을 과시합니다.

이를테면 왜 그렇게 못되게 구냐며 가해 학생에게 진심으로 묻는다든가, 마치 관계를 구걸하는 것처럼 가해 학생에게 물리적으로 들러붙는 식으로 무리에 끼려 하는 경우 바로 이런 아이의 걱정 때문에 상보적 고조가 강화됩니다. 이 고립에 대한 공포는 심지어는 그렇게 호소하는 아이를 거부하는 아이들에게 그 아이를 더 고립시키려는 마음을 불러일으킵니다. 그 아이를 거부한다고 해도 아무런 위험 부담이 없다는 사실을 잘 알기 때문이며, 그 아이가 무리에 끼고 싶어 하는 마음이 확연하게 보이기 때문입니다. 따라서 이와 같은 관계 '구걸'은 우리가 보기엔 고립이라는 악순환을 심화할 뿐입니다.

어린이가 교사에게 괴롭힘을 당할 때는
어떻게 해야 할까요?

이 질문에 대답하기에 앞서, 2011년에 유니세프에서 시행한 조사[*]에 따르면 초등학생의 96퍼센트가 선생님과 좋은 관계를 맺고 있다는 사실을 꼭 강조하고 넘어가야겠습니다. 그렇지만 어린이가 교사에게 괴롭힘을 당하는 것은 얼마든지 일어날 수 있는 상황입니다. 그리고 대부분 해결하기 복잡한 경우가 많습니다. 기본적으로 초등학교에서는 여러 가지 상호작용이 특히 어른들 사이에서 일어나고 있기 때문입니다. 그래서 때로는 아무도 미처 의식하지 못한 상태에서, 부모와 교사 사이의 갈등이 아이와 교사가 맺는 관계에 영향을 끼치기도 합니다.

● 2011년 3월 프랑스 유니세프에서 시행한 조사 보고서로, 교육부의 기술적인 지원을 받아 시행했다.

저는 부모에게 강력하게 문제 제기를 받은 초등학교 교사들을 여러 번 만났습니다. 그 교사들은 해당 아동을 돕고자 할 수 있는 모든 것을 했다고 확신하고 있었습니다. 특히 괴롭힘 상황에서 말입니다. 하지만 피해 학생의 부모는 합리적인 대처, 공감, 제재라는 수단을 요청했지만 전혀 해결되지 않았을 때 교사가 '가해자들 편'이었다는, 즉 교사도 가해자였다는 생각을 하게 됩니다.

이 경우 대체로 공격적인 방식으로 교사에게 문제를 제기하는 경우가 많으며, 교사는 그런 문제 제기가 부당하다는 감정을 참기 힘듭니다. 이런 경우에는 당사자 아동과 편안하고 긍정적인 관계를 맺기가 어렵습니다. 당사자 아동은 부모에 대한 충성심 때문이든, 자신의 소신 때문이든 교사와 다른 방식으로 상호작용을 할 수밖에 없습니다.

어느 정도 시간이 흐르면, 이런 상황은 양쪽 중 어느 쪽 입장이 더 일리가 있는지를 밝히려는 상보적 고조와 비슷한 양상을 띠는 경우가 아주 많습니다. 저는 이 고조 때문에 더 고통스러워하는 쪽에게 아주 저자세를 취하고, 상대방을 정서적으로 다시 받아들이고, 자신이 의도한 것은 아니나 결과적으로 상대방에게 상처를 준 것에 대해 사과해서 이런 고조를 멈추도록 조언합니다.

그렇지만 걱정스러워하는 부모들 역시 저는 만나보았습니

다. 자신의 아이를 더 이상 지지하지 않고 상황을 알려주지도 않는 교사가 반복해서 비난조로 요청했기 때문이었습니다. 그 교사들은 이들의 자녀가 나쁜 것일 수도 있고, 정신질환이 있는 것일 수도 있고(심지어 어떤 교사들은 주의력 장애나 자폐 스펙트럼이라면서 성급하고도 부당하게 진단을 내리기까지 했습니다), 가정교육에 문제가 있었을 수도 있다고 통보했습니다. 부모들은 당황했고, 어떤 일이 있었든 자신의 아이가 부적절하게 처신했을 것이라는 인상을 받았습니다.

제가 보기에 대개는 아이와 그 부모가 이야기하는 행동은 괴롭힘 때문에 생겨난 것 같았습니다. 아이와 그 부모에게 반복적으로 비난이 가해진 바람에 생겨났던 것입니다. 이 경우 상황에 따라 여러 가지 해결책을 활용해볼 수 있습니다.

아이가 고통을 받고 있고 아직 교사에게 이런 사실을 얘기하지 않은 상태라면, 이에 관해 교사에게 말을 하거나 편지를 써볼 수 있습니다. 아이가 잘되기를 바라고 한 행동이라는 것은 이해하지만, 교사의 행동 때문에 숙고해보거나 알맞게 처신하기가 어려웠다고 설명하는 것입니다. 대개는 학교 바깥에서 비공식적인 대화를 멈추는 것이 도움이 됩니다. 이런 대화는 서로의 불안과 화만 키우기 때문입니다. 이렇게 단순히 멈추는 것만으로도 관계를 진정시킬 수 있습니다.

더러는 교사가 진단을 내린 질환에 관해 정신과 전문의와 상담을 해봤으니, 그 결과를 알려주겠다고 하면서 교사에게 고맙다고 얘기하는 일이 전략적으로 필요하기도 합니다. 관계에서 문제를 일으키는 악순환을 유발하는 것은 바로 부모의 '부인'인 경우가 많기 때문입니다. 문제를 바라보는 교사의 시각을 수용하게 되면, 무언가 조치해야 한다며(그리고 대개는 아이를 애초에 부정적으로 바라보는 양상인 경우가 많습니다) 부모를 설득하는 싸움을 멈출 수 있습니다. 싸움에 참여하는 사람이 없기 때문입니다.

중학생이 교사에게 괴롭힘을 당할 때는 어떻게 해야 할까요?

여기서도 마찬가지로 중학생들의 불과 14퍼센트 정도만 교사와 관계가 나쁘다고 생각한다는 점을 먼저 짚고 넘어가 겠습니다.* 따라서 중학생이 교사에게 괴롭힘을 당하는 것은 예외에 불과합니다. 당연한 얘기겠지만, 학생들의 14퍼센트가 교사와 사이가 좋지 않다는 사실은 이 학생들이 괴롭힘을 당하고 있다는 의미가 아닙니다. 그보다는 초등학교와 비교했을 때 선생님과의 관계에서 반항심이 더 크다는 사실을 보여주는 징후입니다.

그렇지만 교사와 학생의 관계 사이에 정말로 괴롭힘에 비

● 교육부, 〈2011년 전국 학교 피해 조사(Enquête nationale de victimation en milieu scolaire, 2011)〉. 프랑스 본토 내 공립 중학교 소속 학생을 대상으로 했다.

견할 만한 수준의 문제가 있을 수도 있습니다. 솔직히 말씀드리자면, 저는 이 문제 때문에 찾아온 중학생을 만나본 적은 없습니다. 제가 들었던 이야기는 오히려 적대적인 무관심에 관한 것이었습니다. 학생들이 느끼기에 자신을 포기했다는 인상이 자신감을 떨어뜨렸다고 했습니다. 그리고 이런 관계를 개선하고자 학생들 스스로 딱히 어떤 노력을 기울이지 않았다는 점도 인정했습니다. 교사가 학생에게 반복적으로 또 모욕적으로 면박을 주는 경우, 이것이 과연 대칭적 고조인지 상보적 고조인지를 판단하기 위해서는 학생이 어떤 방식으로 상황을 누그러뜨리고자 하는지에 주목해야 합니다.

대칭적 고조에 해당한다면 학생은 이런 상황을 가만히 두고 보지 않을 것입니다. 그리고 다툼을 벌일 때마다 이는 양측 모두가 상대방의 평판을 떨어뜨리는 구실이 될 것입니다. 이는 괴롭힘에 해당하지 않습니다. 양측 모두가 저마다 무기를 들고 있고(한쪽은 권위와 규율을 무기로 삼을 것이고, 다른 쪽은 교실에서 권력을 잡을 능력을 무기로 삼을 것입니다) 상대를 이기려고 하는 이상 말입니다.

상보적 고조에 해당한다면 교사가 내뱉을 수 있는 조롱이나 깎아내리는 말 앞에서 학생은 점점 더 움츠러들 것입니다. 그리고 자신을 방어할 수 없게 됩니다. 따라서 이런 경우에는 분명한 방어 전략을 찾아주는 것이 도움이 됩니다. 그리고 이런 전략이 교육적인 차원과 규율 차원에서 끼칠 수 있는 영향을 예측해야 합니다. 이런 전략을 실천해서 교사가 불편한 상황에 처하도록 만들어야 합니다. 또래 아이들이 괴롭힐 때 취하는 것과 완전히 동일한 방식으로 말입니다.

괴롭힘이 중단된 이후에도
계속 괴로워한다면 어떻게 해야 할까요?

아이가 자신의 힘으로 괴롭힘이라는 악순환을 끊어내지 못했을 경우 괴롭힘이 중단된 이후에도 고통을 겪을 수 있습니다. 이런 고통은 두 가지 방식으로 나타납니다.

- 트라우마를 유발한 과거의 사건을 곱씹으면서 마음속 깊이 슬픔을 느끼는 한편으로, 상황을 바꾸고자 어떤 행동이나 말을 하지 못한 것에 대해 수치심을 느끼는 경우가 많습니다. 이렇게 곱씹는 행동은 저녁에 잠들기 전에 일어나는 경우가 흔하며, 수면과 자존감에 해로운 영향을 끼칠 수 있습니다. 괴롭힘을 멈추도록 용기를 내지 못했다거나 똑똑하게 굴지 못했다며 하루에 한 번씩 자신을 다그치기 때문입니다.
- 비슷한 상황이 벌어질까 봐 두려워합니다. 학교에서 생겨나는

수많은 관계 속에서 불편해하거나 심지어는 공포에 질리기도 합니다. 이런 상태는 취약함을 낳을 수밖에 없습니다. 이는 권력이나 인기를 추구하는 몇몇 아이들을 새로이 끌어당길 수도 있고, 그럴 경우 이 아이들은 다른 아이들보다 훨씬 쉬운 먹잇감을 구할 것입니다. 이런 어려움을 겪는 아이에게는 반드시 도움을 주어야 합니다.

바로 이런 문제 때문에 발랑탱이 우리를 찾아왔습니다. 발랑탱은 지금 중학교 4학년이지만 초등학교 5학년 시절에 괴롭힘을 당한 피해자였습니다. 당시 여자아이들 무리가 발랑탱을 구석에 몰아넣고 자기들에게 입을 맞추라며 강요했습니다. 발랑탱이 거부하면 뺨을 때렸습니다. 3년이 지난 지금도 발랑탱은 그 일을 우리에게 이야기할 때면 수치심과 쓰라린 고통을 느꼈습니다.

"매일 밤이면 그 생각을 해요. 그러면 제가 쓸모없다는 기분이 들어요. 이런 생각이 들거든요. '근데 너 진짜 용기 없었다. 어떻게 그런 걸 가만히 내버려둘 수가 있어?'"

발랑탱의 말을 듣고 우리는 대화를 시도해봤습니다.

"그건 그 여자애들이 네 명이어서 그랬을 거야."

"그렇죠. 그렇지만 아무리 그래도 말이죠. 저는 그 여자애들보다 분명히 힘이 더 셌을 거란 말이에요. 그리고 뭐가 떠오

르냐면요. 그 여자애들이 찾아와서 저를 구석에 몰아넣었을 때 제가 꼼짝도 못 했다는 거예요. 그냥 그 아이들이 그렇게 하도록 내버려두고 다른 행동은 하지도 못했어요. 어떤 행동이건 말이에요.”

“다른 행동을 하고 싶니?”

“네.”

“그렇다면 네가 매일 밤 자신을 꾸짖는 게 알맞은 행동일까? 어쩌면 그게 그렇게 심한 행동은 아니라고 생각해서 자신을 꾸짖는 걸까? 너는 지금 네게 이중의 고통을 주고 있는데도 말이야. 나는 이런 생각이 들어. 만약에 네가 열 살의 어린 발랑탱을 만난다면, 그것도 바로 눈앞에서 만난다면 어린 발랑탱은 네게 마녀 네 명의 이야기를 해줄 거야. 그러면 어린 발랑탱에게 너도 뺨을 한 대 치고 싶을까, 아니면 어린 발랑탱은 그때 할 수 있는 일을 했을 뿐이라면서 안아주고 싶은 생각이 들까?”

발랑탱은 눈물을 흘리며 말했습니다.

“안아주고 싶어요.”

“그래. 그러면 이제부터는 밤마다 발랑탱을 그렇게 안아주는 거야. 그러면 네가 겪었던 끔찍한 순간들을 다시 떠올릴 수밖에 없겠지. 지금으로서는 달리 도리가 없으니까. 하지만 이제는 그렇게 떠오르면 너를 꾸짖는 대신에 말이야, 네가 얼마든지 슬퍼할 만한 이유가 있다고 생각하면서 충분히 슬퍼하고 눈물이 흐르도록 놔두는 거야. 그것 말고 혹시 일상생활에서 힘든 점이 있을까?"

"네. 그때 그 여자아이들 중 한 명이 저랑 같은 중학교에 다니거든요. 그 애가 살짝 미소를 지으면서 저를 뚫어지게 쳐다볼 때가 많아요. 그러면 그 애가 예전에 있었던 일을 얘기할까 봐 너무 무서워요."

"그럴 때면 너는 어떻게 하니?"

"시선을 떨구고 그냥 가버리죠."

"만약에 네가 시선을 떨구지 않고, 그 여자아이한테 미소를 지으면서 손으로 키스를 날린다면 어떨 것 같니?"

발랑탱은 잠시 생각에 빠졌습니다. 그러고는 몇 초 뒤 얼굴을 찌푸렸습니다.

"으아! 그러면 그 애가 복수를 하려고 전부 다 말하고 다닐지도 몰라요!"

"그러면 너는 그 여자아이가 너한테 푹 빠져서 폭력적으로 돌변했다고 얘기하고 다닐 수 있을걸. 심지어 더 어렸을 때도 그랬다고 말이야."

그 후 발랑탱은 매일 밤 자신의 슬픔을 받아들였습니다. 일주일이 지나자 슬픔은 가라앉았습니다. 그리고 과거에 자신을 괴롭혔던 가해자가 또 한 번 자신을 물끄러미 쳐다봤을 때

발랑탱은 그 아이를 뚫어지게 쳐다보기만 했습니다. 이번에 시선을 돌린 건 그 여자아이였습니다.

사소한 일에도 선생님을 찾는 어린아이는 어떻게 도와줄 수 있을까요?

선생님은 마르게리트 때문에 무척 걱정스럽습니다. 결국 선생님은 마르게리트의 부모님을 불러, 마르게리트가 다른 아이들에 관한 불평을 하러 찾아오는 일이 너무 많다고 얘기했습니다.

"어떤 점이 걱정스럽냐면요. 딱히 마르게리트를 괴롭히는 아이가 없다는 점이에요. 마르게리트에겐 모든 아이가 문제예요. 마르게리트는 울기도 많이 울고 토라지기도 많이 토라져요. 그리고 최근 몇 주 동안은 더 나빠졌어요. 마르게리트는 점점 더 고립되고 있고, 이제 저는 어떻게 해야 할지 모르겠네요."

부모님이 구체적인 사례를 알려달라고 하자, 선생님은 이런 얘기를 했습니다.

"화요일에 마르게리트가 울면서 저를 찾아왔어요. 쉬는 시간에 오귀스트가 세발자전거를 빼앗아갔다면서요. 그래서 모두가 순서를 지켜 세발자전거를 타야 한다고 오귀스트에게 설명했죠. 마르게리트가 다시 세발자전거를 타게 되었어요. 그리고 3분 뒤에 마르게리트가 눈물을 흘리면서 다시 찾아와선, 이번에는 쥐스탕이 세발자전거를 빼앗아갔다고 말했어요. 저는 오귀스트에게 했던 말을 쥐스탕에게도 똑같이 해주었죠. 솔직히 말씀드리면 이렇게 단기적으로는 문제를 해결할 수 있어도 근본적인 원인은 전혀 해결하지 못하는 것 같아요. 또다시 불평하러 오는 일이 없기를 바라며 저는 동료 교사들에게 갔죠. 그 뒤로는 불평이 없었어요."

그리고 이런 이야기도 했습니다.

"목요일에는 수아드라는 다른 여자아이가 마르게리트를 성가시게 했어요. 마르게리트가 엉엉 울면서 찾아와서, 이번에는 정말로 큰일이 난 줄 알았어요. 그렇지만 별일 없었어요. 그저 마르게리트가 화가 났던 거였죠. 저는 마르게리트를 괴롭히면 안 된다고 수아드를 꾸짖었죠. 수아드는 조금 눈물을 흘리고는 다시 놀러 갔지만, 따님은 계속 제 곁에 있으면서 다른 아이들과 놀지 않겠다고 했어요. 제가 아무리 권해도 말이죠. 그리고 금요일에는 쥘리아가 마르게리트의 순서를 빼앗아 미끄럼틀을 탔어요. 마르게리트가 제게 찾아와서 흐느끼면서 모두 자기에게 못되게 군다고 말했죠. 저는 마르게리트와 함께 놀이터로 갔고, 쥘리아에게 사과를 하라고 요청했어요. 마르게리트는 다시 아이들과 놀았죠."

선생님에게 딸의 사정을 들은 어머니는 남편과 함께 저를 찾아와 막막한 표정으로 물었습니다.

"제가 듣기에 선생님은 하실 일을 한 것 같은데요? 아니면 거칠게 행동하는 아이들을 선생님께서 더 엄하게 혼내셔야 했을까요? 저는 잘 모르겠어요."

저는 이렇게 답했습니다.

"시도한 방법이 기대와는 다른 효과를 낸 것 같아서 질문하신다는 점은 이해합니다. 그렇다면 논리적으로 생각했을 때 과연 그렇게 취했던 조치들이 적절했는지 질문해볼 수 있을 거예요. 또는 반대로, 그런 조치가 오히려 상황을 악화시킨 것은 아닌지 질문해볼 수 있겠죠."

그러자 마르게리트의 아버지가 조금 어리둥절해하며 물었습니다.

"그게 무슨 말씀이시죠?"

"무슨 말이냐면 마르게리트가 부탁할 때마다 아주 친절한 선생님은 마르게리트와 아이들 사이에 개입합니다. 그 때문에 따님은 관계를 맺을 때 자신감을 점점 더 잃는 거지요. 따님은 선생님을 경호원처럼 활용하는 방법 말고는 다른 방법을 모릅니다. 선생님께서는 단기적으로는 문제를 해결하지만 장기적으로는 문제를 더 키우고 있다고 정확하게 분석을 내리신 겁니다. 제가 보기에 선생님께서 이 점을 잘 이해하고 계시니, 선생님께 마르게리트를 위해 한 행동에 충분히 감사를 드리고 그 방법이 어떤 결과를 초래하고 있는지 설명해주세요. 이를테면 고치에서 막 나오려는 나비를 비유로 들면서 말이죠. 지나가던 사려 깊은 사람이 오로지 자신의 선의만을 믿고 나비를 도와주려고 조심스럽게 고치에서 끄집어내는 행동이라고요. 안타깝게도 이 사람은 날개를 펼치는 데 필요한 노력을 하지 않은 나비는 절대로 날지 못한다는 사실을 모르고 있습니다."

저는 이렇게 덧붙였습니다.

"이렇게 설명한 다음에는 더 이상 마르게리트가 그렇게 행동하지 않게끔 도우려 한다고 말씀을 드리세요. 그리고 선생님께서도 이 쉽지 않은 교육을 도와주셨으면 한다고 말이에요. 이제부터는 누군가가 마르게리트를 위협하려고 하면 그때마다 눈을 똑바로 보면서 제법 강하게 '그만해. 나는 이거 싫어'라고 얘기하라고, 마르게리트에게 말해달라고 하세요. 마르게리트가 그렇게 행동하지 않으면 선생님도 더 이상 개입하지 않을 거라고 하면서 말이죠."

마르게리트의 부모님은 주말 동안 마르게리트를 열심히

훈련시켰습니다. 그 후 마르게리트는 부모님의 언행이 마음에 들지 않을 때도 똑같은 표현을 활용하고 있습니다. 불편을 감수하지 않는다면 상황이 개선되는 일도 없는 법이지요.

초등학교 3학년이 5학년에 맞서
자신을 지키는 방법은 무엇인가요?

마리우스는 여덟 살입니다. 초등학교 3학년이고 축구를 무척 좋아합니다. 교실에 함께 노는 친구들이 있지만, 나이가 더 많은 5학년 에드가르가 자주 찾아와서 마리우스를 못살게 굴곤 합니다. 에드가르는 힘이 세고 축구 경기를 할 때 태클을 걸어 넘어뜨리는 것을 좋아합니다. 축구 경기를 하는 3학년 아이들 모두에게 태클을 걸지만 특히 마리우스에게 심하게 태클을 겁니다. (마리우스의 얘기에 따르면) 마리우스는 3학년 중에 제일 힘이 약하고, 심지어는 자기보다 한 살 어린 아이들보다도 약하거든요.

에드가르가 유독 잘 쓰는 기술이 있습니다. 에드가르는 마리우스가 모르게 뒤로 다가갑니다. 그리고 쉬는 시간 학교 운동장에서나 축구 경기 중에 겨드랑이 밑으로 파고들어, 복잡한 발재간을 선보이면서 마리우스를 땅바닥으로 거칠게 넘어뜨립니다. 마리우스는 이렇게 넘어지는 일이 쉬는 시간마다 세 번쯤은 반복되고, 하루에 10번은 넘을 거라고 합니다. 그리고 정말로 지긋지긋하지만 어떻게 해야 에드가르를 멈출 수 있을지 모르겠다고요.

하지만 마리우스는 폭력을 피하고자 좋아하는 축구를 단념할 생각은 없습니다. 우리가 마리우스에게 바닥에 넘어질 때 무슨 행동이나 무슨 말을 하는지 물어보자, 아이는 아무 행동도 안 하고 아무 말도 안 한다고 답했습니다. 다시 몸을 일으키고 마치 아무 일도 아니라는 듯이 경기를 이어간다고요. 몇 분 뒤 또는 몇 시간 뒤면 고난이 또 시작되리라는 사실을 알면서도 말입니다.

마리우스는 선생님에게는 아무런 얘기도 하지 않았다고 합니다. 에드가르가 더 못되게 굴까 봐 겁이 났기 때문입니다. 부모님에게도 이 얘기를 하지 않았습니다. 부모님께 얘기하면 부모님이 곧바로 선생님에게 알릴 거라고 생각했기 때문입니다. 마리우스는 그저 에드가르가 5학년에서 낙제해서 유급하지 않기만을 바랄 뿐입니다(이제부터는 유급이 법으로 금지된다는 소식을 알려주자 마리우스는 무척 기뻐했습니다). 그리고 마리우스가 커서 중학교에 갈 때가 되면, 에드가르가 다른 놀잇거리나 표적을 찾기를 바랐습니다.

그렇지만 아직 어린 마리우스에게 축구 경기 중 쉬는 시간은 제법 깁니다. 마리우스는 이 '태클 거는 형'이 그렇게 행동하지 못하도록 막을 수 있을 만한 전략이 뭐라도 있을지 우리에게 물어봤습니다. 우리는 다음과 같이 태도를 바꿔보라고 마리우스에게 조언했습니다. 같이 축구하는 3학년 친구들에게 미리 얘기한 뒤, 에드가르가 마리우스를 넘어뜨리면 몇 초 동안 바닥에 누워서 크게 구호를 외치는 것입니다. 유행하는 랩 리듬에 맞춰서 말이죠.

"용감한 에드가르, 겨우 3학년을 공격하지!"

그리고 손뼉을 치며 친구들을 불러 모아서 이 충격적인 후렴구를 반복하는 것입니다. 마리우스는 그대로 했습니다. 에드가르는 자기를 둘러싸고 노래를 불러대는 10명 남짓한 아이들 앞에서 얼굴이 빨개졌고, 그날은 더 이상 축구를 하지 않았습니다. 그리고 마리우스도 더는 공격하지 않았습니다.

반 친구들의 악의적인 따돌림에
어떻게 맞설 수 있을까요?

폴은 암 투병을 했습니다. 오랫동안 병원에서 지냈고, 초등
학교 4학년 교실로 돌아갔을 때는 친구들이 자신을 못 알아
볼까 봐 겁이 났습니다. 머리카락이 다시 나기는 했지만 예전
과는 전혀 다른 모습이었고 군데군데 반점도 나 있었기 때문
입니다. 그리고 치료를 받느라 살도 조금 찐 상태였습니다.

'아이들이 이제 나랑 안 놀려고 하면 어떡하지?'

폴은 이런 생각이 들었습니다. 폴의 부모님은 폴을 안심시
켰습니다.

"잘될 거야. 너한테 어떤 일이 있었는지 친구들한테 전부
설명할 테니까."

폴의 어머니는 아들이 교실로 돌아가기 전, 선생님을 만나
서 곁에서 최대한 도와주었으면 좋겠다고 이야기했습니다.

폴이 다시 학교에 가는 날, 선생님은 폴이 심각한 병을 앓았고 지금은 회복했지만 아직 몸이 약한 상태라고 아이들에게 설명했습니다. 그리고 모두 친구를 잘 맞이해주기를 기대한다고 말했습니다. 그러자 첫째 날과 둘째 날에는 여자아이들이 폴에게 모여들어 이런저런 것들을 도와주겠다고 했습니다.

며칠 뒤, 반에서 아주 인기 있는 아이인 에밀리가 초등학교에서 한창 유행하는 놀이를 시작했습니다. 아이들 사이에서 '전염 놀이'라고 불리는 놀이였습니다. 어떤 아이가 다가오면 마치 그 아이가 전염병을 퍼뜨리기라도 하는 양 그 아이에게서 멀어집니다. 그리고 그 아이가 지나간 자리에 소독 스프레이를 뿌리는 시늉을 하며 소독을 했다는 것을 보여주고, 아이가 자기에게 다가오면 욕을 퍼붓는 식이었습니다.

이 불쾌한 의식의 희생자로 선택받는 아이는 대체로 인기가 없는 경우가 많았습니다. 우리가 보기에 이 놀이는 다음과 같은 상황과 그 상황이 만들어내는 결과를 콕 집어 비유하는 것 같습니다. 바로 고립된 아이에게는 누구도 다가가지 않는다는 겁니다. 인기가 없는 아이의 특성이 혹시라도 전염될까 봐 두려운 마음에 말이죠.

이때는 폴의 질병이 표적이 되었습니다. 마치 폴의 암이 전염성이 있기라도 한 것처럼요. 그리고 당연한 얘기지만, 고립될지도 모른다는 걱정 때문에 폴은 한없이 취약한 상태가 되었습니다. 폴은 집으로 돌아가 저녁에 부모님께 이 얘기를 했습니다. 부모님은 매우 놀라고 상처를 받았습니다. 그리고 선생님에게 아이들이 이 어리석고 잔인한 놀이를 멈추도록 강력하게 개입해달라고 요청했습니다.

선생님은 이튿날 한 시간 동안 반 아이들 모두에게 설명했습니다. 암은 전염되는 질병이 아니라고, 그 놀이는 끔찍하니 반드시 그만두어야 한다고 말했습니다. 그러지 않으면 벌을 내릴 것이라고도 얘기했지요. 놀이는 일주일 동안 멈췄습니다. 그리고 은밀하게 다시 시작되었습니다.

아무도 폴과 함께 놀지 않았고, 선생님의 눈길이 닿지 않을 때면 폴이 물건을 만질 때마다 소독 스프레이를 뿌리는 시늉을 했습니다. 폴은 선생님께 다시 이 이야기를 했고, 반 전체학부모를 소집해서 회의를 열자는 결정이 내려졌습니다. 그렇게 해서 부모님들이 각자 집으로 돌아가서 아이들에게 얘기를 할 수 있도록 말입니다.

하지만 안타깝게도 아무것도 달라지지 않았습니다. 그리고 얼마든지 그렇게 할 만한 힘이 있는 에밀리는 보이지 않는 곳에서 계속해서 전염 놀이를 시작했습니다. 폴은 에밀리가 그렇게 하고 있다는 사실을 알리지 않았습니다(폴은 제게 이렇게 털어놓았습니다. "저는 고자질쟁이가 아니에요. 저는 항상 모든 아이가 그렇게 한다고 얘기했어요. 그게 사실이니까요. 에밀리가 놀이를 시작하긴 하지만, 다른 아이들이 전부 다 그대로 따르니까요"). 그래서 폴은 어른들에게 더 이상 얘기를 하지 않게 되었습니다. 그렇지만 어른들 눈에는 폴이 반 아이들과 어울리지 못하는 모습이 훤히 보였습니다. 어른들은 화가 나는 한편으로 무력한 기분이 들었습니다.

놀이가 시작되면 폴이 어떻게 하는지 물어보자, 폴은 아이들과 거리를 둔다고 답했습니다. 다른 아이들도 똑같이 따라 할 때도 있고, 그러지 않을 때도 있다고 합니다. 저는 전략을 하나 알려주겠다고 했습니다. 당연히 전략대로 따르기는 무척 어렵겠지만, 이대로 폴이 아무런 행동도 하지 않는다면 다른 아이들이 놀이를 멈출 이유도 없다고 얘기했지요.

"다음번에 에밀리가 놀이를 시작하면 아주 빠르게 에밀리한테 다가가서, 네 손을 핥은 다음에 그 손바닥으로 에밀리의 볼을 건드리면서 이렇게 말하는 거야. '넌 죽었어.'"

"으악! 에밀리가 선생님한테 이르면 어떡해요?"

"선생님께 이렇게 말씀드려 봐. 지금까지 시도했던 방법들이 아무런 효과가 없어서 이번에는 네가 다른 방법을 시도해 보고 싶었다고 말이야. 그런 다음에 네 전략을 선생님께 설명하는 거지."

인기 있는 에밀리는 폴의 태도에 완전히 당황해서는 실제로 선생님께 찾아가 불평했습니다. 선생님은 에밀리에게 이렇게 답했습니다.

"네가 죽는지 아닌지는 내일 보면 알겠지."

진행자가 사라지자 놀이는 멈췄습니다. 폴은 다시 학교에서 아이들과 어울려 놀기 시작했습니다.

가까운 사람이 모욕적인 조롱을 받으면
어떻게 해야 할까요?

중학교 4학년인 톰은 제법 기운이 센 편이고 신경질적입니다. 우리를 처음 만나자마자 톰은 이렇게 말했습니다.

"사실 저는 무서운 게 별로 없어요. 이거 하나만은 정말 끔찍하지만요. 제가 계속 벌을 받거든요. 일주일에 한두 번은요."

톰에게는 다운증후군에 걸린 여동생이 있는데, 너무나도 소중한 여동생입니다. 그래서 누군가가 여동생을 놀리거나 장애에 관해서 부정적인 말을 하면 톰은 신경질이 납니다.

"누가 제 여동생이나 장애인에 관해서 나쁜 말을 할 때면 꼭 제 영혼이 몸에서 빠져나가는 것 같아요. 심지어 어떤 기분이 드냐면, 사람들이 말리지만 않으면 누굴 죽일 수도 있을 것 같은 기분이에요. 그렇게 하지 않으려고 대신 크게 울부짖죠. 얼굴은 완전히 빨개지고요. 침을 튀겨가며 말하고, 탁자나 벽을 주먹으로 치고, 그런 식으로 사람도 쳐요. 하지만 그러면 벌을 받아요. 그리고 사람들이 모두 웃어대요. 제가 우스꽝스럽게 구니까요."

그리고 톰은 이렇게 말했습니다.

"한번은 도저히 참을 수 없어서 같은 반 녀석의 머리를 한 대 쳤어요. 그리고 사흘 동안 정학 처분을 받았죠. 징계위원회에서는 제가 여동생을 지키려고 그런 행동을 했다는 걸 감안했지만 이번이 마지막이라고 얘기했어요. 다음에는 퇴학을 시킬 거라면서요. 그리고 제 여동생이 '못생겼다'고 말했던 비비앙은 학교가 끝나고 네 시간 동안 남아야 했고 장애에 관해 발표해야 했어요. 그렇지만 걔는 그런 거 상관도 안 해요. 그 뒤에 또다시 지긋지긋한 조롱을 시작했는걸요. 사람들은 제가 감정을 더 잘 다스려야 한다고들 말해요."

그렇게 화가 나는 일이 어떤 식으로 일어나는지 물어보자, 톰은 비비앙과 그 무리가 다가와, 쳐다보는 건 아니지만 톰에게 들릴 만큼 또렷하게 이런 끔찍한 이야기를 한다고 합니다.

"다운증후군은 유전병 아닌가 의심이 들어. 솔직히 말해서 어떨 때 보면 톰도 이상하잖아, 안 그래?"

"바보면 세상 살기 힘들 텐데. 그리고 바보인 것보다 더 심각한 건 못생긴 거지."

"만약 그러면 남자 형제들도 똑같이 바보가 된다고 그러더

245

라. 이런 건 직접 얘기를 해줘야 알려나?"

우리는 톰 혼자에게만 고통을 주는 이 악순환에 연료를 붓는 것은 바로 톰이 자제력을 잃고 폭발하는 것이라고 설명했습니다. 게다가 이렇게 자제심을 잃는 바람에 톰은 벌을 받기까지 합니다. 톰이 워낙 격분하고, 여기서 가해 학생들이 전지전능하다는 기분을 느끼기 때문에 솔직히 말하면 괴롭힘을 그만둘 이유가 없는 것입니다. 우리는 톰이 더 이상 구경거리가 되지 않고 가해 학생들이 자기도 모르는 사이에 구경거리가 되도록 만들어야 했습니다.

"이제는 화를 내는 것 말고 다른 행동을 해야 해. 네가 내는 화도 고려한 행동을 말이야. 그렇게 화가 나는 건 너무나 합당하거든. 이를테면 비비앙에게 미소를 지으면서 아주 차분하게 다가가서, 되도록 사람들이 보는 곳에서 이렇게 얘기해볼 수도 있겠지. '보아하니 네가 다운증후군에 엄청 집착하는 것 같은데, 너도 뭔가 두려운 게 있는 거 아니야? 실제로 다운증후군은 다양한 형태로 나타날 수 있지. 원한다면 네가 궁금한 것들에 내가 전부 답해줄게. 말해봐.'"

그렇지만 톰은 그렇게 말할 일이 없었습니다. 그렇게 하기도 전에 잔인한 괴롭힘이 멈췄거든요. 분명 톰이 더 이상 크게 화를 내지 않는다는 사실을 감지하고 그랬을 겁니다.

동성애자라며 놀릴 때는
어떻게 해야 할까요?

마르탱이 우리를 찾아왔을 때는 열다섯 살이었고, 중학교 3학년이었습니다. 새로운 학교에서 개학을 맞이한 후 마르탱은 동성애 혐오가 담긴 욕설을 듣는 피해자가 되었습니다. 개학 첫날부터 3학년 남학생 무리가 마르탱을 표적으로 골랐던 것이죠. 마르탱은 매일 아침 학교에 가려고 하면 배가 아팠고, 쉬는 시간은 대부분 보건실에서 보냈습니다.

"그 아이들이 저를 동성애자로 취급하는 게 일리가 있는지 없는지는 모르겠어요. 제가 여자아이나 남자아이에게 어떤 감정을 품는지 정확히는 모르겠거든요. 그렇지만 한 가지 확실한 건, 그 애들이 그렇게 끔찍하게 놀려대는 걸 보면 동성애자가 되고 싶은 마음이 안 든다는 거예요. 동성애자여서 평생 그런 말을 들으며 살아가야 한다면 지옥 같겠다는 생각이 들어요. 저는 최대한 남자답게 굴려고 노력하고 있어요. 옷을 입는 것이든, 행동거지든 말이에요. 그렇지만 그렇게 해도 아무것도 달라지지 않는 것 같아요. 그 아이들은 생각이 달라지지도 않고, 저를 동성애자라고 놀리면서 제 정신을 쏙 빼놓는 걸 즐겨요. 다행히 제게는 정말 좋은 친구들이 있지만 솔직히 말씀드리자면 이 일 때문에 제가 갉아먹히는 것 같아요. 이러다 아플 수 있겠다는 생각도 들어요. 실제로 배가 아프기도 하고요."

이런 공격이 언제 어디서 일어나는지 물어보자, 마르탱은 매일 그리고 거의 어디서나 벌어진다고 대답했습니다.

"멀리서 마주치면 저를 보고 오럴 섹스를 하는 흉내를 내요. 제 뒤로 지나가면서 엉덩이를 만지고요. 화장실 입구에서 저를 감시하다가 누구랑 같이 있었느냐고 물어봐요. 꼭 제가 지나치게 여성적인 것처럼 웃음거리로 삼죠. 괴롭힘을 그만두게 하려고 거의 모든 방법을 다 써봤어요. 그 아이들이 곧 싫증을 낼 거라는 생각에 애써 무덤덤한 척도 해봤지만 소용이 없었어요. 점점 더 신체적으로 괴롭히는 일이 늘어났고요. 이렇게 말하면서요. '너, 그렇게 딱딱하게 곰 같은 여자처럼 굴지만 솔직히 우리가 가까이 다가가면 흥분되지?' 저는 성숙함을 문제 삼는 카드를 써봤어요. 본인들한테 문제가 있어서 그러는 것 아니냐고 따졌죠. 바보같이 굴지 말라고 하면서 우리는 더 이상 초등학생이 아니라고 말했어요. 이런 행동은 정말로 유치한 짓이고, 게다가 이런 행동은 동성애 혐오라서 똑똑한 사람들은 안 그런다고 말이에요. 그러니까 곧바로 이렇게 대꾸했어요. '와, 이 여자애가 안경을 썼네. 고추 달린 여자애가 말이야. 이야! 정말 똑똑하구나, 마르틴!●' 그다음에는 학생부 선생님께 얘기했더니 그 아이들을 저랑 같이 호출하셨어요. 그 아이들은 그냥 웃자고 한 얘기라고 선생님한테 말했죠. 학생부에서는 서로 오해를 풀라면서 30분 동안 우리끼리만 놔뒀어요. 아이들은 제게 한마디도 안 했죠. 그다음이 최악이었어요. 꼭 복수라도 하는 것처럼요. 그 아이들은 저한테 좀 집착하는 것 같아요."

우리는 마르탱에게 아주 잘 분석했다고 확신을 심어주었습니다. 그리고 마르탱이 동의한다면 바로 그 집착을 이용할 생각이라고 얘기했습니다. 그렇게 해서 가해 학생 무리가 단념해야 할 만큼 난관에 부딪히게 만들어서 괴롭힘을 멈추도록 말입니다. 우리는 가해 학생들이 마르탱에게 다가오는 것만을 기다릴 게 아니라, 그 학생들 앞으로 가서 마르탱의 친구들이 모두 있는 가운데(제일 좋게는 다른 구경꾼들도 있는 가운

● 남성에게 쓰는 이름인 마르탱(Martin)을 여성에게 쓰는 이름인 마르틴(Martine)으로 일부러 바꿔 부른 것으로, 가해 학생들이 마르탱을 여성적인 게이로 취급하며 놀리고자 선택한 표현이다(옮긴이).

데) 이렇게 말해보라고 제안했습니다.

"내가 보기에 너희가 아무래도 성에 관한 질문이 있는 것 같으니, 내가 두세 가지 정도 가르쳐줄 수 있겠네. 어디 보자, 제일 섹시한 애, 너부터 시작할게."

그리고 무리에서 지내는 것이 제일 어색해 보이는 아이를 고르는 겁니다.

"오늘 밤에 네 방에서 만나자, 달링. 괜찮지? 그러면 너도 다 알게 될 거야."

모순적으로 들리겠지만, 여기서 마르탱이 조금 여성적인 분위기를 풍기는 것도 나쁘지 않을 거라고 얘기했습니다. 마르탱은 잠시 생각해보더니 이렇게 대답했습니다.

"맞아요, 그런 식으로 그 애들 앞에서 제가 동성애자라고 인정하는 거죠. 제가 어떻게 행동하더라도 그 애들은 저를 동성애자라고 여기니까요. 게다가 저는 동성애자인 게 전혀 수치스러운 일이 아니라고 생각하니까요. 그래서 제가 동성애자를 옹호했던 것이기도 하고요. 저는 괜찮지만 그 애들한테는 썩 달가운 행동이 아니겠네요."

실제로도 마르탱이 이렇게 행동하자 아이들은 불편해했습니다. 마르탱은 그 아이들이 눈에 띌 때마다 애정 어린 키스를 손으로 날려주었고 아이들은 훨씬 더 불편해했습니다.

고등학생들이 괴롭힐 때는
어떻게 해야 할까요?

로즈는 열여섯 살입니다. 그리고 굉장히 힘든 시기를 보내고 있습니다. 올해 초, 로즈가 다니는 고등학교에서는 학교 폭력 방지의 날을 맞아 수준별로 나눠 토론을 기획했습니다. 성폭력을 주제로 다룰 차례가 되어 사회자가 혹시 성폭력을 목격한 사람이 있는지 묻자, 로즈는 반 아이들 모두가 지켜보는 가운데 한 남자아이가 자기 엉덩이를 1년 내내 만지고 다녔는데 아무 말도 할 용기가 없었다고 털어놓았습니다.

여기서 짚고 넘어가자면, 해당 남학생인 막상스는 학교에서 제법 주목을 받는 인물이었고 아무도 감히 그에게 맞서지 못했습니다. 토론의 날을 운영하던 담임 선생님은 곧바로 교장 선생님에게 이 사실을 알렸습니다. 교장 선생님은 로즈와 면담 자리를 마련했고, 로즈는 가해자를 지목했습니다. 그다음에는 로즈와 막상스를 불러 면담했습니다. 막상스는 거만한 태도로 면담 내내 사태를 축소하려고 했습니다. 그런 일이 벌어지길 바라지 않았더라면 로즈가 짧은 반바지를 입지 말았어야 한다는 둥, 그래봐야 한두 번 그러고 그만이었다는 둥, 그냥 장난으로 한 일이라는 둥 이야기를 했습니다. 게다가 로즈도 웃음을 터뜨렸고 그만하라는 소리를 한 번도 안 했다고 얘기했습니다.

변명 일색인 가해 학생의 태도에 교장 선생님은 징계위원회를 소집했고, 일주일 뒤 막상스는 퇴학당했습니다. 로즈의 부모님은 고소할까도 생각했지만, 로즈는 그 이상의 문제는 없었다면서 부모님을 말렸습니다. 그런데 막상스가 퇴학당하고 얼마 안 되어 협박이 시작되었습니다. 학교에서 단 몇 분만에도 누군가를 따돌릴 수 있을 만한 1학년 여자아이들 무리가 로즈에게 다가와 얼굴에 침을 뱉었습니다.

"자, 이 거짓말쟁이께서는 이제 또 무슨 소리를 하시려나? 소란 피울 준비는 다 됐어?"

이에 로즈도 지지 않고 대꾸했습니다.

"나는 사실대로 얘기했을 뿐이야. 너희들 왜 나한테 이렇게 구는 거야? 내가 너네한테 무슨 짓이라도 했어? 우리끼리 서로 도우면서 지내야지."

그러자 여자아이들 중 한 명이 말했습니다.

"뭐, 계속해봐. 비운의 피해자가 되어보시라고. 늙은이들한테는 먹히겠지만 우리한테는 안 통해."

그 뒤로 로즈는 아무런 대답도 하지 않았고 그 아이들을 피해 다니면서 마치 아무 말도 안 들린다는 듯이 계속 가던 길을 갔습니다. 복도에 들어서면 그 여자아이들이 사람이 말하면 들으라면서 명령했습니다. 로즈는 쉬는 시간이면 보건실로 뛰어가곤 했습니다. 이 괴롭힘을 멈추려면 어떻게 해야 할지 막막했던 로즈는 학교 감독관에게 편지를 보내서 상황을 설명했습니다. 감독관은 이렇게 대답해보라고 제안했습니다.

"너희 말이 맞아. 나 완전 제대로 된 고자질쟁이야. 늙은이들이 나를 얼마나 좋아하는데. 나는 아무 말이든 다 믿게 만들 수 있어. 다음에는 누구를 고자질할지 아직 정하지는 않았는데, 계속 그렇게 나 건드려봐. 교장한테 보낼 블랙 리스트를 고르는 데 아주 큰 도움이 될 거야."

그러자 당황한 1학년 여자아이들은 로즈를 완전히 포기했고, 로즈는 다른 친구들과 관계를 맺을 수 있었습니다.

가족을 욕할 때는
어떻게 해야 할까요?

카미유는 열두 살이고 우수한 학생입니다. 특히 반에서 수학을 제일 잘합니다. 시험에서 만점을 받는 일도 많고, 선생님에게도 칭찬을 듣습니다. 같은 반 시몽은 성적이 보통 정도입니다. 그렇지만 엄청 재밌고 카리스마 있는 학생입니다. 카미유가 우리에게 설명해준 내용대로라면요.

"아무도 시몽을 건드리려고 하지 않아요. 정말로 기가 막히게 반박을 하고, 누구든 가리지 않고 싸우거든요. 그리고 여자아이들은 전부 다 시몽을 엄청 좋아해요. 시몽이 베이스를 연주하고 가끔 신비로운 분위기를 풍길 때가 있거든요. 저는 걔 안 좋아해요."

"정말로 아무하고나 싸우니?"

"아뇨. 아무하고나 싸우진 않아요. 몇 명하고만 싸우죠. 이를테면 제가 수학 점수를 잘 받을 때마다 시비를 걸어요. 우리 엄마가 선생님이랑 잤다면서 더러운 얘기를 해요. 처음에는 수업 중에 그 얘기를 제법 크게 해서 저하고 저랑 같은 줄에 있는 애들 전부 다 들을 정도였어요. 그렇지만 선생님이 들을 만한 정도는 아니었죠."

"정확히 뭐라고 했니?"

"이렇게 얘기했어요. '네가 이 점수 받으려면 너네 엄마가 선생님이랑(엄청 못생긴 선생님이에요) 끝내주는 짓을 해야 했겠는데.' 그래서 그 줄에 있던 애들이 전부 웃었죠. 선생님이 누가 그렇게 재밌냐고 물었고, 당연히 아무도 대답을 안 했어요. 고자질쟁이는 되고 싶지 않으니까요. 이제는 제가 점수를 잘 받을 때마다 시몽이 이렇게 속삭여요. '너네 엄마 창녀잖아.' 예전에는 수학만 가지고 그랬는데 이제는 모든 과목을 가지고 그래요. 시몽이 제 뒷자리에 앉아 있어서 저는 고개를 돌려 '멍청이'라고 말하며 그만하라고 하죠."

"그러면?"

"그 애는 비웃으면서 어떤 자세로 성관계를 했을 거라고 쭉 늘어놓아요. 정말 역겨운데 아무 말도 할 수가 없어요. 시몽에 겐 아무도 뭐라고 할 수 없고, 말을 했다가는 훨씬 더 시달리고 친구도 없어질 테니까요. 그래서 그냥 입을 닫고 있지만 정말 신경이 쓰여요."

"그렇구나. 그 애한테 아무 말도 할 수 없다면 우리가 무얼 할 수 있을까 싶기도 한걸?"

"시몽이 쭉 입을 다물게 할 무언가가 있으면 좋겠어요."

"그렇다면 뭔가 맞설 만한 것이 필요하겠구나. 카미유, 네가 신경을 쓴다는 사실 자체도 시몽이 너를 계속 괴롭히고픈 마음을 불러일으키는 것 같은데, 그렇지 않니?"

"맞아요."

"그렇다면 말이지, 설령 사실과는 다르더라도 시몽의 역겨운 장난에 네가 아무렇지도 않다고 생각하게 만들어야 할 것 같은데, 그렇지 않니?"

"그건 봐야 알겠죠. 그래서요?"

"다음에 네가 점수를 잘 받았을 때 걔가 그런 식으로 얘기하면 이렇게 말해볼 수 있을 거야. '이번에는 우리 할머니도 가셔야 했어. 아무래도 이번 숙제가 엄청 어려워서 말이지. 이제는 우리 가족이 하는 사업이 됐다니까.'"

"아뇨, 그렇게는 말 안 할래요."

"너무 힘드니? 너무 위험 부담이 크니?"

"아뇨, 그냥 사실이 아니니까요. 사실이 아닌 걸 얘기할 순 없어요. 그렇게 점수를 받는 건 제가 노력했기 때문이고, 제가 수학을 잘하기 때문이에요. 우리 가족이 선생님이랑 자서 그런 거라고 얘기하고 싶지 않아요."

"네 말이 맞아. 이건 사실이 아니야. 시몽도 가짜라는 걸 알 거야. 이미 그 점을 시몽도 알고 있으니까. 하지만 네가 이렇게 말하면 그런 농담이 네게 더 이상 먹히지 않는다는 사실을 알게 될 거야. 네가 심지어 그런 농담을 하면서 웃을 준비까지 하고 있으니 말이야. 그러면 그런 얘기를 그만두겠지. 네 얘기를 들어보니 계속 괴롭히도록 시몽을 자극하는 건 바로 자기 말이 너를 화나게 한다는 사실이니까."

"그럴 수도 있죠. 그렇지만 사실이 아닌걸요. 거짓을 얘기하고 싶지는 않아요."

"카미유, 문제는 말이지, 이런 식으로 얘기를 하지 않으면 계속해서 그 괴롭힘 때문에 힘들어한다고 알리는 꼴이 돼. 그러면 시몽이 그만둘 이유는 전혀 없는 거지. 그렇지만 네 생각은 이해해. 진실이 아니고, 게다가 좋지도 않은 얘기를 해야 한다는 사실이 특히 신경이 쓰이는 거잖니. 건드릴 수 없는 가해자의 표적이 되었다는 이유로 말이야. 다행인 것은 말이지, 이제 너는 선택지가 생겼다는 거야. 계속 그 애한테 욕을 하면서 그만두라고 얘기할 수도 있겠지. 그러면 내 생각에는 괴롭힘이 이어질 것 같지만, 적어도 너는 사실을 이야기하는 것이고 시몽이랑 똑같은 수준으로 낮아지지는 않게 돼. 아니면 우리가 알려준 말을 할 수도 있어. 그러면 시몽이 괴롭힘을 그만둘 가능성이 커지지만 너는 사실이 아닌 내용을 얘기하는 게 되고 시몽과 똑같은 수준이 되는 거겠지. 네가 그런 마음이 안 드는 것도 이해해."

우리는 카미유에게 더 알맞은 다른 전략들을 찾아봤습니다. 그렇지만 카미유가 했던 아무 효과 없는 행동들, 그러니까 시몽에게 욕을 하면서 화를 내는 행동과 반대되는 것들을 제안할 때마다 카미유는 모두 거부했습니다. 카미유에게는 너무나 중요한 것을 스스로 깎아내리는 전략들이었기 때문입니다. 바로 진실이지요. 시몽이 괴롭힘을 그만두게 해야 한다는 필요성보다도 이 원칙을 존중하는 일이 카미유에겐 훨씬 중요했습니다. 물론 우리는 카미유의 선택을 존중했습니다.

신체에 대한 공격을 받았을 때는
어떻게 해야 할까요?

가브리엘은 키가 정말 작습니다. 가브리엘은 열한 살이고, 지금으로서는 키가 더 이상 크지 않고 있습니다. 이 사실에 가브리엘은 무척이나 괴롭습니다. 더 고통스러운 것은 바로 사람들이 많은 곳에서 키가 작다는 얘기를 들을 때입니다. 정말로 심장을 찌르는 것 같은 기분이 듭니다.

한번은 제일 친한 친구인 엔조의 생일 파티에 갔습니다. 엔조의 아버지는(평소에 출장으로 집에 없을 때가 많았습니다) 여덟 살밖에 되지 않은(그렇지만 가브리엘보다 키가 훨씬 더 컸습니다) 엔조의 남동생을 보며 이렇게 말했습니다.

"그래, 네가 가브리엘이니? 얘기 많이 들었다."

가브리엘은 정말로 상처를 받아서 일찍 집에 갔습니다. 마음이 정말 아팠습니다. 우리가 상담하면서 중학교에서 어떤 일이 벌어지는지 물어보자, 가브리엘은 학교 아이들이 이런 얘기를 흔하게 한다고 했습니다.

"야, 너 진짜 조그맣다!"

일주일에 두 번은 이런 말을 듣고, 매번 다른 학생이 이렇게 얘기한다고 합니다. 특히 가브리엘을 모르는 중학교 4학년이나 3학년 청소년들이 말이지요. 어쩌면 가브리엘에게 그런 얘기를 여러 번 하는 학생들도 있겠지만 매일 그러는 것은 아닙니다. 키가 작다는 소리를 듣는 일은 무척 고통스러웠고 제발 이런 일이 멈췄으면 좋겠다고 생각할 만큼 계속 일어났습니다.

이런 일이 생길 때면 가브리엘은 어떻게 해야 할지 몰라서 아무 말도 하지 않았습니다. 그냥 못 들은 척을 했지요. 가브리엘에게 작다고 얘기한 학생은 매번 그냥 지나갔습니다. 그렇지만 그런 일이 벌어지고 두세 시간쯤 지나고 나면 정말로 기분이 나빠지곤 했습니다.

우리는 가브리엘에게 아무에게나 써먹을 수 있는 행동 전략을 바라는 것인지, 아니면 중학교에서 효과가 있을 만한 방법을 바라는지 물어봤습니다. 가브리엘은 고심하다 두 번째 것을 골랐습니다.

"어른들은 나쁜 뜻 없이 하는 말이라는 거 잘 알아요. 그렇지만 중학생들은 솔직히 의심스러워요. 그래서 적어도 저한테 한 번 얘기한 적 있는 학생들은 더 얘기하고 싶은 마음이 안 들었으면 좋겠어요."

슬퍼하는 가브리엘에게 마음이 움직인 우리는 제법 충격적인 전략을 제안했습니다. 바로 키가 작다고 이야기하는 아이들에게 이렇게 얘기하는 겁니다.

"내가 작은 건 사실이지만 앞으로 훨씬 더 커질 거야. 그렇지만 뇌가 성장을 멈춘 건 훨씬 더 까다로운 일일 텐데. 너는 그렇게 뇌가 성장을 멈췄으니 앞으로 어떻게 하려고?"

가브리엘은 미소를 지으며 시도해보겠다고 했습니다. 약 보름이 지난 뒤 가브리엘이 다시 찾아왔습니다.

"죄송해요. 중학교 3학년 학생 두 명이 저보고 엄청 작다고 했는데, 알려주신 대로 날카롭게 말하지 못했어요. 그렇게 할 수가 없었어요."

저는 가브리엘에게 말했습니다.

"네가 미안해할 필요 없어. 사과를 해야 할 사람은 나란다. 전략이 알맞지 않았고 현명하지 못했던 거야. 안 그랬다면 네가 제대로 쏘아붙일 수 있었겠지. 네 상황에 더 잘 맞는 다른 전략을 생각해봤으면 좋겠니? 그러려면 네가 어떤 이유로 말을 하기가 어려운지 잘 설명해줘야 해."

"네, 다른 전략을 알려주셨으면 좋겠어요. 그러니까, 솔직히 저는 다른 학생들이 저를 정말로 괴롭히려고 그런 말을 한다고 생각하지 않아요. 그냥 사실을 있는 그대로 얘기하는 정도인 거죠. 그래서 제가 그 학생들한테 제대로 시비를 거는 말을 하면, 그 바람에 그 아이들이 이렇게 생각할까 봐 겁이 나요. '아, 이렇게 얘기하니까 쟤가 짜증을 내네. 계속해봐도 되겠는걸.' 지금 하는 공격들은 그나마 얌전한 편이라고 할 수 있는데 말이죠."

"네 말이 맞아. 정말로 똑똑한 분석이구나, 가브리엘. 우리가 알려준 대로 대꾸했다면 상황이 더 나빠졌을지도 모르겠어. 아무 말도 안 한 건 정말 잘한 일이야. 그러면 더 알맞은 방법이 무엇일지 한번 살펴보자. '그래, 너 진짜 사람 잘 보는구나', '아, 얘기해줘서 고마워. 미처 몰랐네. 앞으로는 신경 좀 쓸게', '젠장, 그러네. 진짜 이상하다' 같은 건 어떨까?"

"모두 다 쓸 만한 것 같아요. 이거 좋은데요."

공격적인 학교 선배들을
상대해야 한다면 어떻게 해야 할까요?

아드리엥은 두 학년을 월반했습니다. 그래서 나이는 아홉 살이지만 중학교에 다닙니다. 그런데 나이 또래에 비해 그렇게 키가 큰 편은 아닙니다. 키가 150센티미터인 아드리엥은 소파에 앉아 제게 이렇게 말했습니다.

"중학교에 잘 적응하려고 갖은 노력을 다했지만, 학교에서 제가 눈에 띄는 것 같아요."

"얼마든지 그럴 수 있지. 그래, 그런데 어쩌다 그런 생각이 들었니?"

"그게 말이죠, 신께서 새로운 하루를 허락해주실 때마다(그렇습니다. 아드리엥은 그 나이대 어린이가 잘 쓰지 않을 법한 표현을 씁니다) 학교 식당에 가기 직전에 보면 학생들 한 무리가 눈에 잘 안 띄는 구석에서 저를 기다리고 있어요. 제 생각에는 분명 중학교 3학년인 것 같아요.”

“그 아이들은 수가 많니?”

“처음에는 두 명이었어요. 그러다 점점 수가 늘어나더라고요. 네 명, 다음엔 여섯 명, 그다음엔 12명이 됐어요. 지금은 하나둘 차곡차곡 모이다 보니 15명이 되어서 제가 언제 점심을 먹으러 오는지를 살펴요.”

“그러면 엄청나게 불안하겠는걸!”

“당연히 그렇죠. 그렇지만 불쾌하고 위협적인 겉모습 말고 더 불안한 이유가 있어요. 제가 그 학생들 앞을 지나갈 때마다 꼭 한 명이 제 앞으로 튀어나와서 발을 걸어요. 당연히 저는 바닥에 넘어지고요.”

아드리엥은 손과 무릎에 아직 다 낫지 않은 상처 자국을 보여주었습니다.

“아드리엥, 그럴 때마다 기분이 너무 안 좋겠구나.”

“그렇죠. 봐서 잘 아시겠지만, 이미 다친 곳을 또 다치니까 더더욱 그렇죠.”

“그러게. 네가 똑똑한 것을 보아하니, 분명 이 바보 같은 놀이를 멈추게 하려고 무언가를 시도했을 것 같은데?”

“네, 맞아요. 일단 식당으로 가는 다른 길을 찾아보려고 했어요. 지하로 연결된 길이라든가 숨겨진 통로 같은 거요.”

“그래서?”

"하나도 없어요. 지금으로서는요."

"이런! 다른 것도 시도해봤니?"

"네. 며칠 전부터 점점 더 빨리 뛰어가고 있어요(주말에 연습도 해요). 만약에 제가 아주아주 빠르게 가면 그 학생들이 저를 놓칠 거고, 그러면 정말로 바보 같아 보일 거라고 생각하면서 말이죠. 그 3학년들은 바보 같아 보이는 걸 싫어할 거라는 생각이 왠지 들거든요. 그러면 그 학생들이 또다시 제 발을 걸려고 시도하는 걸 단념시킬 수 있을지도 모른다고 생각했어요."

"재치가 있구나. 언젠가는 효과를 볼 수도 있을 만한 아이디어야. 다만 문제는 그런 날이 찾아오기를 기다리는 동안, 네가 그렇게 빨리 달린다는 사실 때문에 크게 넘어질 수도 있고, 네 상처도 더 심해지고, 3학년들의 만족감도 커질 수 있다는 점이지."

"한 번도 그런 각도에서 바라본 적은 없었는데요. 일리 있는 말씀이네요."

"그러니까 앞으로는 완전히 반대되는 방법을 써서 그 학생들의 작디작은 뇌에 쓰나미를 일으켜야 해. 전혀 예상치 못한 무언가를 찾아내서 말이야."

"예를 들면요?"

"음, 어쩌면 네가 식당에 천천히 가볼 수도 있겠지(너무 느리게는 말고, 그냥 평소처럼 가라는 뜻이야). 그리고 그 학생들이 있는 구석진 곳에 이르기 몇 미터 전에 미소를 지으면서 우호적인 신호를 보내는 거야. 그런 다음에 그 학생들 앞을 지나가기 직전에 멈춰 서서 네 발과 손가락을 보여주며 이렇게 묻는 거지. '오늘은 누가 여기에 정성을 쏟을 생각이야?' 계속 꼼짝하지 않고 서서 말이야. 그렇게 하면 그 학생들이 네 발을 건다고 해도 덜 아플 거야. 크게 넘어지지 않을 테니까. 그리고 그 학생들한테 이렇게 얘기할 수 있겠지. '너희들 기분이 나아졌으면 좋겠네.' 그러고 나서 다시 가던 길을 가는 거지."

아드리엥은 잠시 말이 없다가 이렇게 얘기했습니다.

"선생님은 나이 든 사람치고는 재치가 있으시네요."

인종차별적인 공격은
어떻게 물리칠 수 있을까요?

여덟 살 아디우마의 아빠는 크나큰 충격에 빠졌습니다. 도심에 있는 작은 사립 초등학교에서 곧 있으면 사육제가 열립니다. 아빠는 행사 때 세네갈 공주 분장을 하자고 얘기를 꺼냈고, 15일 전에는 아디우마도 좋다고 했습니다. 재단사인 아디우마의 고모는 의상을 만들기 시작했습니다. 아빠 말에 따르면 정말로 멋진 드레스였습니다.

"우리는 아디우마가 세네갈 드레스를 입은 모습을 보면 정말 감동적이겠다고 생각했어요. 우리는 자녀들이 세네갈 사람인 것을 자랑스럽게 여기기를 바라거든요."

아디우마의 아빠는 무척 감상에 젖어 이야기했습니다. 그런데 10일 전, 아디우마는 이 분장을 하고 싶지 않다고 했습니다. 해적이나 아메리카 인디언 의상을 입고 싶지, 세네갈 공주 의상은 싫다고 말입니다. 그리고 결국 세네갈 공주 의상이 마음에 안 든다고, 안 예쁘다고 얘기했습니다.

처음에 아빠는 어떤 이유로 그러는 것인지 부드럽게 물었습니다. 의상을 더 마음에 들도록 고치고 싶은 부분이 있는지 물어봤지요. 그렇지만 아디우마는 아무 말도 하지 않고 눈물만 흘렸습니다. 아빠는 아디우마에게 다른 선택지가 없다고 얘기했습니다. 고모가 이 멋진 의상을 만드는 데 많은 정성과 시간을 쏟아부었고, 이 의상을 입지 않으면 정말로 무례한 일이 될 거라고 말입니다. 그렇지만 아디우마는 여전히 거부하며 울었습니다. 아빠는 아디우마가 변덕스럽고 고마워할 줄 모른다며 뜻을 굽히지 않았습니다.

결국 아디우마는 학교에서 열리는 사육제 행사에 세네갈 공주 의상을 입고 가게 되겠지요. 고모의 노력을, 자신이 태어난 나라를 존중하는 뜻으로 말입니다. 행사 날이 다가올수록 아디우마는 얼굴이 점점 굳어졌습니다. 매일 저녁 식사 때 아빠가 사육제 얘기를 꺼내면 아디우마는 귀를 막고 울었습니다. 그러고는 식탁에서 일어나 방에 틀어박혔지요.

분장을 며칠 앞둔 어느 날 저녁, 아디우마의 엄마는 딸이 해준 얘기를 남편에게 들려주었습니다. 학교에서 같은 반 학생인 엑토르가 계속 아디우마의 팔뚝을 건드린 다음 손가락 냄새를 맡으며 이렇게 얘기한다고 했습니다.

"사람들이 그러는데, 너는 매일 아침 온몸에 똥을 바른다며? 너네 깜둥이들 더러워."

그러면 주변 아이들 모두 역겹다는 듯이 굴면서, 아디우마가 마치 쓰레기 더미라도 된다는 듯 자리를 피했습니다. 아디우마가 무슨 말을 해도 소용이 없었습니다.

아디우마는 흑인으로 사는 건 별로 좋지 않다고, 자기도 다른 아이들처럼 붉은빛이 감도는 피부였으면 좋겠다고, 사육제 때 세네갈 드레스를 입으면 모두 자신을 더 놀릴 테고 그러면 너무 힘들 것 같다고 엄마에게 얘기했습니다. 한동안 이런 얘기를 하지 않은 이유는 부모님께, 특히 아빠에게 큰 고통을 안겨줄 것이라는 사실을 잘 알고 있었기 때문이라는 얘기도 했습니다.

아디우마의 아빠는 제게 이렇게 말했습니다.

"당신은 학교 선생님에게 얘기해도 아무 소용이 없다는 얘기를 계속하셨죠. 그렇지만 저는 정말로 선생님을 찾아가고 싶습니다. 그리고 학부모들에게 서신을 보내달라고 요청하고 싶어요. 어떤 일이 일어났는지 설명하고, 학부모들에게 아이들을 훈육하고 벌을 주라고 얘기하는 서신을 말이죠. 그런 말들은 정말로 용인해서는 안 됩니다."

"맞습니다, 아버님. 용인할 수 없는 일이고, 멈춰야 하는 일입니다. 그러기 위해 우리는 부모와 아이들의 선의에 기댈 수도 있을 겁니다. 아버님이 보내는 서신이 그들의 행동을 바꾸도록 기대하면서 말이죠. 하지만 한편으로는 그렇게 편지를 보내더라도 괴롭힘이 은밀한 방식으로 계속될 수도 있습니다. 그런 경우에는 아디우마가 자신을 방어할 수 있도록 필요한 힘을 길러주는 방법이 도움이 될 겁니다."

그러면서 저는 이렇게 덧붙였습니다.

"우리를 대신해 아버님이 아디우마에게 이렇게 얘기해주실 수 있을 겁니다. 아디우마가 세네갈 드레스를 입지 않는다면 그건 마치 엑토르의 머리 위에 왕관을 씌워주는 격이 될 거라고요. 그렇게 바보 같고 못된 얘기를 지껄이는 게 일리가 있다고 하는 것이나 다름없으며, 그렇게 하면 부모님이 정말로 괴로울 거라고 말이죠. 아디우마 같은 공주가 엑토르처럼 못된 사람 앞에서 무릎을 꿇어서는 안 되니까요. 해가 서쪽에서 뜨지 않는 이상은요. 그러니까 아디우마는 이렇게 독화살을 날려서 엑토르가 무릎을 꿇게끔 만들 수 있을 것입니다. 이를테면 이런 식으로요. '그래, 맞아. 우리 흑인들은 몸을 똥으로 뒤덮어. 똥파리를 꼬이게 하려고 그러는 거야.' 그렇게 하면 상대 아이는 얼이 빠지겠죠. 그다음에는 (마늘로 만든) 액체를 뿌리며 이렇게 얘기하는 겁니다. '우리는 똥파리들한테 저주를 퍼붓고 잡아먹어. 냠냠, 엑토르, 이 녀석은 깜찍한 똥파리군.' 당연히 아디우마가 공주 의상을 입는다면 이 공격은 더 근사해지겠죠. 그렇지만 꼭 입어야 하는 것은 아닙니다. 아디우마의 어머니께서 엑토르에게 쓰려고 준비한 마늘과 로즈마리스프레이에 붙일 만한, 해골과 파리가 그려진 멋진 라벨을 만들어주셨으니까요."

훌륭한 학생으로 지내면서도
괴롭힘에 맞설 방법이 있을까요?

파올라는 6학년에 다니는 훌륭한 학생입니다. 그런데 유급생인 아나이스와 클로에가 파올라를 딱 찍어서 범생이, 낙오자, 어릿광대라고 끊임없이 놀려댔습니다. 파올라는 엄마가 조언해준 대로 그 아이들을 모른 체하지만 욕설은 점점 심해졌습니다. 아나이스와 클로에는 파올라의 물건을 훔치고, 파올라의 책가방에 물을 쏟고, 파올라가 구두시험을 볼 때면 실수하게 만들려고 시도했습니다.

수업 중에 파올라가 대답할 때마다 두 유급생은 입으로 공기를 빨아들이는 소리를 내며 마치 파올라가 아첨을 한다는 듯이 행동하고, 파올라가 성적을 잘 받을 때마다 쉬는 시간에 다가와서 이렇게 얘기했습니다.

"범생이 너, 몇 점 받았어? 16점? 네 엄마가 좋아하시겠다,

그치? 네 인생에는 성적밖에 없잖아. 어릿광대 같은 게."

그러고는 비웃으며 돌아서곤 했습니다. 파올라는 그 아이들을 쳐다보지도 않고 대답도 하지 않았습니다. 6학년 심지어는 5학년에게도 시비를 거는 두 유급생에게 약간 겁을 먹은 파올라의 친구들도 똑같은 얘기를 했습니다.

"그냥 내버려둬. 관심 주지 마. 저러다 제풀에 지칠 거야."

그렇지만 유급생들은 지칠 줄을 몰랐고 파올라는 아침저녁으로 배가 아프기 시작했습니다.

1분기에 열린 학부모/교사 회의에서 프랑스어 선생님은 파올라가 수업에 전혀 참여하지 않아서 곤란하다고 파올라의 어머니에게 말했습니다. 학기 초인 9월에는 잘 집중했는데 지금은 그렇지 않다고 말입니다. 최근에 본 쪽지시험 두 번의 점수도 평균에 그쳤다고 했습니다.

파올라는 피곤해서 그런 거지만 다시 기운을 내보겠다고 말했습니다. 어머니는 선생님에게 혹시 아나이스와 클로에에게 얘기를 좀 해줄 수 있냐고 물었고, 이에 파올라는 화가 났습니다. 엄마에게 아무 말도 하지 말라고 부탁했기 때문입니다. 그렇지만 이미 늦었습니다. 프랑스어 선생님은 조금 더 자세한 사정을 이야기해달라고 했지요.

파올라는 개학한 후 두 유급생과 있었던 일들을 전부 얘기할 수밖에 없었습니다. 그리고 선생님에게 개입하지 말아달라고 부탁했습니다. 그렇게 되면 상황이 악화될까 봐 두려웠기 때문입니다. 선생님은 걱정하지 말라고 얘기했습니다. 파올라에게 해로울 만한 일은 아무것도 하지 않을 거라고 했습니다.

며칠 뒤, 수업 도중에 프랑스어 선생님은 간접적으로 그 얘기를 꺼냈습니다. 몇몇 아이들이 공격적으로 행동하는 모습을 본 것 같은데, 가만히 두고 보지 않을 거라면서 말입니다. 그런 다음 선생님은 교실 뒤쪽을 바라보며 아이들이 모두 있는 앞에서 딱 잘라 얘기했습니다.

"자기가 유급했다고 해서 지금 잘하고 있는 학생들까지 게으른 사람으로 만들어서는 안 되겠지. 안 그러니, 아나이스랑 클로에?"

파올라는 몹시 난처했습니다. 좋은 뜻으로 한 행동이지만 선생님이 기대하는 결과가 나타나지는 않을 거라고 생각했습니다. 파올라의 생각이 맞았습니다. 며칠 뒤 아나이스와 클로에가 전부터 쓰던 모욕적인 말들에 '피해자'라는 말까지 더해서 다시 괴롭히기 시작했습니다. 이제 두 학생은 쉬는 시간마다 이렇게 얘기하며 파올라를 놀렸습니다.

"범생이, 아직도 피해자 노릇 하고 있어? 너는 우리한테는 아무 말 안 하지. 선생님한테 말하고 위로받는 걸 더 좋아하잖아, 그치?"

모든 상황이 원래대로 돌아갔냐고 묻는 선생님과 어머니에게 파올라는 그렇다고 대답했습니다. 어머니를 찾아가서 여전히 괴롭힘이 이어지고 있고, 파올라가 자기를 희생하기 시작했다고 얘기한 건 파올라의 친구였습니다.

제가 파올라를 만났을 때 파올라는 자동차 헤드라이트를 보고 얼어붙은 토끼처럼 완전히 위축되어 있습니다. 저는 이 두 마녀를 멈출 수 있도록 무언가 행동을 할 만한 힘이 아직 남아 있는지 파올라에게 물었습니다. 그러자 파올라는 제게 해결책이 있다면 이보다 더할 수 없을 만큼 곧이곧대로 적용할 것이라고 대답했습니다.

이튿날 두 유급생이 파올라를 범생이 취급하러 찾아오자, 파올라는 이렇게 대꾸했습니다.

"미안하지만, 내가 너무 범생이라서 예전에는 너네가 하는 말을 이해 못 했어. 미안. 그렇지만 지금은 같이 얘기를 해볼 수 있을 것 같아. 너네가 아는 단어가 세 개뿐이라는 걸 이해했거든. 자, 나를 따라서 말해봐. 범생이, 낙오자, 어릿광대. 잘했어. 이 단어 쓰는 법을 배워보고 싶어? 아니라면 내일 다시 찾아와. 네 번째 단어를 알려줄게."

파올라는 네 번째 단어로 '똥구멍'을 골랐습니다. 저는 좋다고 했습니다. 그렇지만 두 유급생은 다시 찾아오지 않았습니다.

따돌림을 당했을 경우 어떻게 해야
친구들과 다시 어울릴 수 있을까요?

여덟 살 클레르의 사례를 가지고 제게 온 사람은 완전히 기운이 다 빠진 것 같은 젊은 초등학교 선생님이었습니다. 몇 달 전부터 학교에서는 아무도 클레르와 같이 놀지 않았습니다. 생일 파티에도 더 이상 초대를 받지 않았습니다. 아니, 더 정확히 표현하자면 클레르가 초대를 받을 때면 초대장을 쥐락펴락하는 파디아와 그 패거리가 생일 파티에 올 수 있는 사람과 올 수 없는 사람을 결정했습니다. 파디아 패거리는 클레르를 모든 상황에서 배제했습니다. 학교에 있는 모든 아이는 파디아에게 복종하는 쪽이 더 신중한 행동이라는 걸 알고 있기 때문에 클레르를 피했습니다.

클레르는 거의 모든 놀이에서 빠져야 했습니다. 훌륭한 학생인 클레르는 슬픔에 빠졌고 점점 더 활기를 잃어갔습니다.

클레르가 쇠약해지고 있다고 선생님은 말했습니다. 선생님은 관계 때문에 생겨나는 고통뿐 아니라 공부에도 부정적인 영향을 끼칠까 봐 무척 걱정했고 결국 클레르의 부모님에게도 얘기했습니다.

쉬는 시간이 되면 클레르는 함께 어울리는 걸 아예 차단해 버리는 여러 아이에게 다가가려고 여러 번 시도한 뒤에 대개는 선생님에게 갔습니다.

"아무도 저랑 안 놀려고 해요."

선생님은 딱 봐도 상식적이라고 생각되는 해결책을 여러 번 시도해봤습니다. 처음에는 세 명이나 네 명이 같이 할 수 있는 다양하고 새로운 놀이를 제안했습니다. 함께 어울리는 무리가 대부분 2~3명이었기 때문입니다. 그러고는 아이들의 태도가 클레르를 많이 힘들게 한다고, 이 새로운 놀이에 꼭 클레르를 끼워주어야 한다고 아이들에게 얘기했습니다. 아이들은 모두 알겠다고 얘기하며 승낙했습니다.

선생님은 아이들에게 규칙을 설명해준 뒤, 자리에서 물러나 아이들을 지켜봤습니다. 그리고 5분쯤 지나 클레르가 또 배제되었다는 사실을 알게 되었습니다. 선생님은 매번 목소리를 점점 더 높여가며 이 씁쓸한 경험을 3~4번쯤 더 한 뒤에 (현명하게도) 이 방법을 단념했습니다.

그다음에는 수업 시간에 30분 동안 문제점에 관해서 이야기한 다음, 반 전체가 행동을 바꾸기를 기대한다고 말하기로 마음먹었습니다. 클레르가 정말로 힘든 상황이고, 한 사람 한 사람이 친절하고 너그럽게 행동해야 한다고 강조했습니다. 하지만 상황은 달라지지 않았습니다.

선생님은 클레르의 부모님을 불러 걱정된다고 이야기했습니다. 그리고 주말이 되면 반 아이들을 한 명씩 클레르네 집에 초대하기로 선생님과 부모님은 뜻을 맞췄습니다. 클레르의 부모님은 주말을 즐겁게 보냈다고 선생님에게 알렸습니다. 그렇지만 클레르는 여전히 학교에서 너무 외롭다고 괴로워합니다. 심지어는 그렇게 즐거웠다던 주말을 보낸 바로 뒤 월요일에도 말입니다.

그래서 우리는 아이들에게 클레르와 같이 놀아달라고 명시적으로 촉구하는, 아무런 소용이 없었던 시도를 멈추기로 했습니다. 이런 시도 때문에 오히려 또래 아이들이 클레르에게 "호감을 덜 느꼈다"는 사실이 드러났으니까요. 우리는 클레르가 쉬는 시간에 다른 학생들에게 애원하지 않고 할 만한 행동이 무엇이 있을지 곰곰이 생각했습니다. 심지어는 다른 학생들이 애원하고 클레르가 부정적으로 반응하도록, 클레르의 위치가 완전히 바뀔 만한 행동 말입니다.

선생님은 교실이 조금 휑한 것 같아서 그림을 잘 그리는 클레르에게 쉬는 시간마다 아이들의 초상화를 하나씩 그려달라고 부탁하기로 했다고 반 아이들에게 알렸습니다. 인기가 가장 없는 아이들부터 시작하는 것이 규칙이었습니다. 파디아나 파디아의 경호원 역할을 하는 아이가 다가와서 자기들은 언제 그려줄 거냐고 클레르에게 물으면 클레르는 이렇게 대답했습니다.

"나는 제일 예쁜 아이들부터 그리기로 했어. 너네는 마지막쯤 가서 그릴게."

클레르가 초상화를 그리는 동안 수많은 아이에게 둘러싸여 있었다는 이야기를 우리에게 들려주며 선생님은 정말로 행복해했습니다.

유명 브랜드 옷을 입지 않고도
친구들과 잘 지낼 수 있을까요?

8월입니다. 곧 5학년이 될 롤라가 엄마 손에 이끌려 우리에게 왔습니다. 개학한다는 생각만으로 무척 불안해했고, 3학년이 될 때까지 나머지 과정은 Cned(온라인 교육)에 등록해달라고 어머니에게 간청했기 때문입니다. 롤라는 이렇게 말했습니다.

"그러고 나면 괜찮아질 거예요. 저는 기숙사가 있는 고등학교에 들어갈 거예요. 여기서 먼 곳으로요."

롤라는 같은 반인 비올레트가 매일같이 자기를 괴롭힌 지 벌써 1년이 되어간다고 설명합니다. 비올레트는 유치원 때부터 롤라와 알고 지내던 사이입니다. 비올레트는 롤라가 못생겼고 옷을 엄청 못 입는다고 했고 지나칠 정도로 말을 거칠게 했습니다.

"너랑 같이 다닐 수가 없어. 너 진짜 너무 못생겼어. 토하고 싶어진다니까."

"너네 엄마가 아직도 엠마위스*에서 옷 사주시니, 이 못생긴 것아? 땡전 한 푼 없다는 건 잘 알고 있지만 아무리 그래도 엠마위스가 뭐야!"

"아니, 근데 진짜 미칠 듯이 못생겼다. 건강보험공단에다 알려줘야겠는데? 그러면 거기서 수술비 대줄걸."

롤라는 입술을 떨며 우리에게 말했습니다.

"물론 제가 엄청 예쁜 편은 아니지만, 그렇다고 해서 저한테 항상 못생겼다는 말을 되풀이할 이유가 되지는 않죠."

비올레트가 틀렸고, 롤라는 아주 예쁘게 생겼다고 설득하려고 해도 소용이 없었습니다. 롤라는 가해 학생의 의견을 이미 자신의 것으로 삼아버렸으니까요. 피해 학생들이 으레 하는 것처럼 말입니다. 인기 많고, 예쁘고, 옷을 잘 입는 비올레트는 언제나 추종자 무리에게 둘러싸여 지냈고, 롤라와 이야기를 나누거나 식당에서 롤라와 같이 밥을 먹는 학생들을 모두 놀려댔습니다.

"아니, 너 미친 거야? 왜 쟤랑 같이 놀아?"

그래서 롤라는 얼마 전부터 혼자가 되었습니다. 더 이상은

● 한국의 '아름다운 가게'와 비슷하게 옷을 기증받아 판매하는 사회적 기업이다. https://www.emmaus-paris.fr/donner/(옮긴이).

아무도 롤라와 함께 다니지 못하기 때문입니다. 6학년 첫 수업 날부터 시작해 2분기가 끝났을 때즈음 롤라는 완전히 무너졌습니다. 그리고 매일 조금씩 더 움츠러들고 있었습니다. 11월이 되자 롤라는 자기 옷차림이 별로 유행하는 스타일이 아니어서 아이들과 어울릴 수 없다고 말했습니다. 롤라의 엄마는 일을 몇 시간씩 더 하기로 결정했습니다. 감히 꿈도 못 꿀 정도로 비싼, 유명하다는 청바지를 롤라에게 사주기 위해서였습니다.

크리스마스 휴가가 끝난 뒤 롤라는 새 바지를 입고 자랑스럽게, 한편으로는 조금 걱정스러워하며 학교에 갔습니다. 비올레트가 롤라에게 다가와서 얼굴을 뚫어져라 본 다음, 머리 끝부터 발끝까지 세세히 뜯어본 뒤에 이렇게 말을 내뱉었습니다.

"아니, 너는 예쁜 옷까지 못생겨 보이게 만드네. 너 완전 마술사네, 못생긴 것 같으니."

롤라는 울면서 화장실로 도망치는 것 말고는 어찌할 도리가 없었습니다. 이때 롤라는 생각했습니다.

'쟤는 절대로 멈추지 않을 거야. 내가 여기를 떠나야 해.'

우리는 롤라에게 다음과 같은 전략을 제안했습니다.

"다음번에 비올레트가 너를 못생긴 애 취급하려고 다가오면 이렇게 대답해볼 수 있을 거야. '내가 못생긴 건 사실이야.

그런데 너는 내면이 괴물 같네. 게다가 넌 말할 때마다 악취가 나. 껌 좀 씹어. 냄새 진짜 역하니까.' 그러고 나서 비올레트가 아주 짧게라도 말할 때마다 너는 역겨워하면서 얼굴을 잔뜩 찌푸리면서 그 애한테 껌을 내미는 거야."

롤라가 그렇게 하자, 굉장히 불쾌해진 비올레트는 그 뒤로 빙 돌아가며 롤라를 피해 다녔습니다. 롤라는 비올레트와 눈이 마주칠 때마다 주머니 속에서 열심히 껌을 찾는 시늉을 했습니다.

동성애자로 공격받을 경우
어떻게 자신을 지킬 수 있을까요?

직업고등학교 1학년인 파블로는 사는 게 녹록지 않습니다. 파블로는 아버지에게 동성애자라고 밝힌 뒤 집에서 완전히 쫓겨나 위탁 가정으로 갔습니다. 생물학적인 가족들은 파블로를 전혀 이해하지 못했기 때문입니다. 위탁 가정에서는 비교적 괜찮게 지냈습니다.

그렇지만 고등학교에서 정말로 기나긴 시련이 펼쳐졌습니다. 반 아이들 전체가 파블로를 놀렸습니다. 그리고 '조그만 암컷 고양이'라고 부르면서 파블로의 섹슈얼리티를 끊임없이 건드렸습니다. 선생님이 안 볼 때 포르노에 나오는 장면을 흉내 내면서 말입니다. 심지어는 학교 곳곳의 담벼락에 이런 내용을 담은 그라피티까지 그렸습니다. 그중에서도 최악은 사베르가 복도에서 파블로를 구석에 몰아넣을 듯이 다가와서 죽이겠다고 협박한 것이었습니다. "호모들은 세상에 존재해서는 안 되기 때문"이라면서요.

파블로는 사베르가 두려웠습니다. 진지하게 그런 생각을 하는 분위기를 풍기기 때문이었습니다. 파블로가 괴롭힘을 당하는 걸 보면 딜랑이 달려와서 신경을 건드리듯이 비웃었습니다. 그리고 이상하게 불편한 분위기를 만들어내며 괴롭힘을 거들었습니다. 덩치가 큰 오세안은 낄낄거리면서 모든 아이를 떠밀고 욕을 했는데, 파블로는 그중 제일 좋아하는 표적이었습니다. 오세안은 파블로를 '내 여자'라고 부르면서 자기 가슴으로 파블로를 밀어붙였습니다(오세안은 가슴이 무척 풍만한 편이었습니다). 파블로가 생각을 바꾸게 만들 방법이 있다고 하면서 말이죠.

반 전체가 파블로가 괴롭힘을 당하는 걸 보고 웃어댔습니다. 심지어 왜소증을 앓고 있어서 모두가 놀려대는 트리스탕도 그랬습니다. 처음에 파블로는 키가 작다는 이유로 괴롭힘을 당하는 것이 정말로 부당하다고 생각했습니다. 그래서 트리스탕에게 가방을 들어주겠다고 했고, 심지어는 숙제도 해주겠다고 했습니다. 그때는 비교적 괜찮게 지냈습니다. 그러다 트리스탕이 파블로를 협박하기 시작했습니다. 자기 가방을 들어주지 않으면, 자기 숙제를 대신 해주지 않으면 파블로가 반에 있는 다른 아이들, 특히 가해 학생들에 관한 더러운 얘기를 했다고 소셜 미디어에 올리겠다는 것이었습니다. 트리스탕은 이렇게 협박했습니다.

"장애인하고 너 중에서는 모두 장애인 말을 믿을걸. 두고 보면 알 거야. 그리고 너를 훨씬 더 귀찮게 하겠지. 아무튼 너랑 나는 한배를 탄 셈이지. 우리 둘 다 심각한 피해자니까. 너는 호모라서 그렇고, 나는 왜소증이라서 그렇고. 그렇지만 나는 둘 중 더 안 좋은 쪽은 되지 않을 거야."

파블로는 트리스탕의 뜻을 따르지 않았고, 트리스탕은 협박한 내용대로 행동에 옮겼습니다. 그렇게 파블로의 고등학교 생활은 정말로 시련 그 자체가 되었습니다. 그리고 트리스탕이 아무 말이나 한다고 파블로가 설명할수록, 자기 말을 믿어야 하고 트리스탕의 말만 듣고 달려드는 건 꼴사나운 일이라고 얘기할수록 가해 학생들은 파블로를 욕했습니다.

어느 날 유난히 힘든 한 주를 보내고 있는데, 파블로의 프랑스어 선생님이(팰러앨토 학파의 방식을 교육받은 선생님은 파블로가 겪는 어려움을 마음 아프게 여겼습니다) 얘기를 나누자고 했습니다.

"파블로, 지금 네가 힘들게 지내는 것 같다는 느낌이 드는데 내가 할 수 있는 일이 있을까?"

"없을 것 같아요. 선생님."

파블로는 그렇게 대답하며 눈물이 터져 나왔습니다. 그러고는 서둘러 눈물을 감추려고 했습니다. 파블로가 우는 모습을 반 아이가 볼 수도 있다는 생각에 겁이 났던 것입니다.

"네가 동의하지 않으면 나는 아무런 행동도 안 할 거야. 그렇지만 너를 괴롭히는 학생들을 굴욕적으로 굴복시킬 수 있는 해결책이 있을 것 같아서 그래."

"아, 그래요? 선생님은 그 아이들의 본모습을 잘 몰라요. 그 애들은 아무 이유도 없이 그래요. 심지어는 징계위원회에 가는 걸 꿈꾸기까지 한다니까요. 상상이 가세요? 그러니까 무슨 말을 하거나 벌을 준다고 해서 그 애들을 겁줄 수는 없어요. 그렇게 해서 한 가지를 막더라도 뒤에서는 열 가지를 더 할걸요."

"잘 알고 있어, 파블로. 잘 알고 있단다. 그래서 훨씬 더 세게 나가야 하는 거야. 법 선생님과 이 얘기를 나눠봤는데, 우리가 떠올린 아이디어가 하나 있어."

일주일 뒤 프랑스어 선생님이 이렇게 말하며 수업을 시작했습니다.

"발표 수업이 계속되고 있는데, 오늘은 파블로가 앞에 나와서 발표할 거야. 나도 잘 알고 있지만 너희들 모두 열광하는 주제로 발표할 거야. 바로 동성애지."

그러자 반 전체가 동요하면서 외설적인 말을 중얼거리기 시작했습니다. 파블로는 동성애에 관한 정의, 수치, 역사를 빠르게 보여주었습니다. 그러고는 잠시 멈췄다가 말을 다시 이었습니다.

"이번에는 호모포비아라는 무척 심각한 병에 관해서 얘기하겠습니다. 우리는 이런 질문을 던져볼 수 있습니다. '호모포비아를 일으키는 주된 원인은 무엇일까?'"

교실이 갑자기 조용해졌습니다. 파블로는 발표를 계속했습니다.

"먼저, 지능이 모자라기 때문입니다. 어떤 동성애 혐오자들은 뇌가 너무나 작아서, 다른 섹슈얼리티를 지닌 사람들이 세상에 존재할 수 있다는 생각조차 뇌 속에 들어갈 공간이 없다고 합니다."

파블로는 사베르의 눈을 바라보며 미소를 지었습니다. 반아이들은 키득거리기 시작했고, 사베르는 이를 악물었습니다. 그때 선생님이 끼어들었습니다.

"그래, 맞아. 지금 네가 얘기한 것처럼 내가 아는 수많은 동성애 혐오자들이 바로 이런 경우야. 그렇지만 한편으로는 그 사람들 잘못은 아니지."

선생님은 자리에서 몸을 배배 꼬고 있는 사베르를 똑바로 보며 말했습니다.

"이렇게 뇌에 생겨난 질병을 치료할 수 있는 치료법이 있을까, 파블로?"

"선생님, 안타깝지만 치료법은 없습니다. 죽을 때까지 평생 뇌가 망가진 채로 있거든요."

"음, 그러면 내버려두는 수밖에 없겠네. 적어도 원해서 생겨난 게 아니라 신경학적인 질병이라는 걸 아는 이상, 아무튼 용서해줄 수는 있겠구나."

"호모포비아는 두 번째 요인 때문일 수도 있습니다. 본인도 동성에게 끌린다는 사실 때문에, 이 사실이 다른 사람들에게 들통날까 봐 두려움에 사로잡혀서 그러는 경우도 있습니다."

파블로는 딜랑을 뚫어지게 보면서 슬쩍 손으로 키스를 보냈습니다. 딜랑이 표정이 굳어지고 시선을 떨구는 가운데, 모두 딜랑을 쳐다봤습니다. 이제는 다음에 어떤 얘기가 나올까 생각하며 모두가 당황한 표정이었습니다. 프랑스어 선생님이 물었습니다.

"하고 싶은 말 있니, 딜랑?"

"아니요."

딜랑은 얼굴이 벌게진 채 대답했습니다.

"또 누구 의견을 얘기하고 싶은 사람 있니?"

교실은 쥐 죽은 듯이 조용했습니다. 파블로가 발표를 이어갔습니다.

"과학자들은 세 번째 원인도 언급했습니다. 신체적인 결함이나 콤플렉스 때문에 자신감이 현저히 부족한 경우입니다.

환자들은 이렇게 생각합니다. '내 콤플렉스에서 주의를 돌릴 수 있게, 나를 가로막지 않을 만한 누구 멋있는 사람한테 관심을 돌려야겠어. 그러려면 동성애자들이 만만하지.'"

파블로는 아무 말 없이 오세안과 트리스탕을 바라봤습니다. 두 사람은 선생님의 시선을 받으며 움츠러들었습니다. 선생님은 이렇게 마무리를 지었습니다.

"정말 흥미로운 발표였어, 파블로. 고맙다. 이제 우리 교실에 가득한 이 질병의 원인을 더 잘 이해할 수 있겠구나."

절교를 어떻게
해결할 수 있을까요?

마티유가 우리를 찾아온 이유는 초등학교 5학년 과정 중에 귀스타브가 전학을 오면서 아주 힘들어졌기 때문입니다. 마티유는 우리에게 이렇게 말했습니다.

"전에는 마치 천국 같았어요. 저는 친구 아망과 떼어놓을 수 없을 만큼 꼭 붙어 지냈어요. 우리는 정말로 즐거웠죠. 아무도 필요 없었어요. 그러다 귀스타브가 오면서 모든 게 꼬이기 시작했어요. 귀스타브는 우리 둘을 떼어놓고 싶어 했거든요. 아망이 자기하고만 놀면 좋겠다는 얘기를 벌써 아망한테 했어요. 그리고 아망이 그렇게 하기 싫어하니까 귀스타브는 제게 복수했죠. 제가 아망이랑 놀기만 하면 저를 짜증 나게 만들려고 온갖 짓을 해요. 예를 들면 주말에 아망을 자기네 시골집에 초대하는 거죠. 자기 생일 파티에 초대하고요. 저는 빼고 말이죠. 그러고는 아망한테 저에 관한 나쁜 말들을 하고, 또 저한테 대놓고 욕도 해요."

"너한테 정확히 뭐라고 말했니?"

"항상 똑같은 얘기만 해요. '다운증후군'이라고요. 엄청 짜증 나요."

"정말 그렇겠구나. 너는 어떻게 대답하니?"

"저는 발길질을 하거나 고함을 질러요. 그렇지만 이렇게 얘기하면서 저를 더 놀려서 정말 화가 나요. '근데 봐봐, 너 진짜 다운증후군이잖아. 심각하다고.' 그러고는 막 웃어대요."

"그럴 때 아망은 어떻게 하니?"

"우리한테 진정하라고 얘기하죠. 아망이 그렇게 얘기하는 것도 짜증이 나요. 먼저 시작하는 건 항상 귀스타브라는 걸 빤히 알 텐데도 말이에요."

"그 얘기를 아망한테 해봤니?"

그러자 마티유가 심각한 표정으로 대답했습니다.

"아뇨. 우리 남자들끼리는 그런 얘기는 안 해요."

저는 남자아이들 사이의 모든 관행이나 규칙을 파악하고 있지 못했던 점을 양해해달라고 하며, 제게 정확히 어떤 것을 기대하는지를 물어봤습니다.

"저는 그냥 걔가 저한테 욕만 안 했으면 좋겠어요."

"정말이니?"

"그리고 또 정말로 어땠으면 좋겠냐면, 아망이 귀스타브를 안 좋아했으면 좋겠어요."

마티유는 눈에 눈물이 맺힌 채 털어놨습니다.

"잘 알겠다, 얘야. 그렇지만 그렇게 하는 방법은 모르겠네. 심지어는 어떤 느낌도 드냐면, 이런 사실을 네가 아망에게 알릴수록 네가 아망을 잃을 위험도 커질 것 같아. 그렇지만 둘의 관계가 더는 예전 같지 않아서 너는 슬프지만, 다른 친구를 사귀는 것은 얼마든지 받아들일 수 있다고 설명할 수는 있다고 봐. 설령 그 친구들이 네 마음에 들지 않는다고 해도 말이야. 장담하는데, 진짜 남자들이라면 이런 얘기를 나눌 수 있어. 그리고 귀스타브에 관해서라면 이런 생각이 들었는데 말이지, 다음에 걔가 너를 욕하면 이렇게 얘기해볼 수 있을 거야. '맞아. 나 다운증후군이야. 아망이랑 친한 친구들은 다 그러니까. 필수 조건이거든.' 그리고 만약에 귀스타브가 '나는 다운증후군이 아니야'라고 하면 너는 이렇게 대꾸할 수 있을 거야. '그래서 네가 아망의 진짜 친구가 아닌 거야.'"

흡족한 마음으로 귀스타브를 겨냥해 화살 같은 독설을 날린 마티유는 다음 면담 때 우리에게 이렇게 얘기했습니다.

"선생님은 남자들 일을 잘 아시네요."

친구들에게 휘둘리지 않으려면
어떻게 해야 할까요?

카퓌신의 엄마는 열다섯 살짜리 딸과 함께 있을 때면 거의 신경쇠약에 걸릴 지경입니다. 엄마는 딸이 눈물을 흘릴 때도 있고, 아주 공격적으로 굴 때도 있다고 설명했습니다.

"카퓌신이 우리한테 미소를 짓는 건 3개월에 한 번 정도인 것 같아요. 그럴 때 빼고는 집이 꼭 지옥 같아요. 그렇지만 카퓌신은 '친구들' 문제에 관해서는 우리가 하는 조언은 조금도 들으려고 하지 않아요. 그 애 말로는 학교에서 어떤 일이 일어나는지 우리가 전혀 이해를 못 한다는데, 우리 때랑은 다른 모양이에요."

"카퓌신, 나한테 설명해줄 수 있을까? 학교에서 정확히 어떤 일이 벌어지기에 네가 그렇게 기분이 나쁜지 말이야."

"저는 3학년들 사이에서 제법 눈에 띄는 무리에 들어가 있어요. 여자아이들 10명 정도가 있는데 약간 폐쇄적인 모임 같은 거예요. 감이 오시나요?"

"그럼, 딱 알겠어. 그 모임에는 리더가 한두 명쯤 있을 것 같은데?"

"네. 다프네, 그 애가 리더예요. 있죠, 다프네는 진짜 엄청 멋져요. 그리고 엠마도 약간은 리더라고 할 수 있죠. 멋진 건 덜하지만요. 사실 저는 엠마 별로 안 좋아해요."

"그러면 어떤 일이 벌어지는 거니?"

카퓌신은 눈물을 참으며 말합니다.

"제가 아침에 학교에 가면 무리에 있는 애들 모두가 마치 제가 그 무리에서 빠진 것처럼 대할 때가 많아요. 저한테 인사도 안 하고요. 서로 귓속말을 하면서 저에 관한 끔찍한 얘기를 주고받아요. 정확히 어떤 얘기인지는 안 들리지만, 나쁜 얘기라는 것만은 알 수 있어요."

"그러는 동안 너는 어떤 행동을 하니?"

"음, 그 애들이 다시 저를 찾으러 올 때까지 기다려요. 그렇지만 그 애들 너무 가까이 맴돌지는 않죠. 안 그러면 진짜 낙오자처럼 보일 테니까요, 그쵸?"

"그래. 그렇게 너를 빼놓는 일은 얼마나 오래 이어지니?"

"사흘 동안이요. 그리고 한 달에 두 번씩 그렇게 해요."

"아니, 정말 끔찍했겠는걸. 내 생각에는 넌 모임 안에 있을 때면 야멸차게 내쳐질까 봐 겁이 날 테고, 모임에서 빠져 있을 때는 정말 슬플 것 같은데?"

"맞아요."

"그렇게 사흘 동안 모임에서 배제되었던 다음에는 어떻게 되는지 얘기해줄래? 네가 다시 모임에 들어갔다는 걸 어떻게 알게 되니?"

"항상 엠마예요. 다프네는 전혀 그러는 법이 없어요. 엠마가 제게 다가와서 모임에 다시 끼어도 된다고 얘기하죠. 그렇지만 제가 조금 더 성숙하게 행동해야 할 거라고 하면서요."

"그러면 너는 뭐라고 대답하니?"

"'그래, 고마워.' 이렇게 말하죠."

이때 카퓌신의 엄마가 더 이상 참지 못하고 말합니다.

"선생님께서 그 까탈스러운 여자애들 무리에서 반드시 나와야 한다고 말씀해주셨으면 좋겠어요. 솔직히 말씀드리면 카퓌신이 그런 대접을 받는 게 도저히 용납이 안 돼요."

그러자 카퓌신은 창밖 먼 곳을 바라보며 말했습니다.

"너무 고리타분한 생각이에요."

이 말에 엄마는 당황해하며 노여움을 감추지 못했습니다. 저는 엄마를 대기실로 모시고 가서 카퓌신과 마저 면담할 동안 잠시 쉬고 계시라고 말했습니다. 그런 뒤 다시 카퓌신에게 가서 이렇게 말했습니다.

"나는 네가 정말로 걱정스럽구나. 이쪽이든 저쪽이든 고통스럽기는 마찬가지여서 두 가지 길 가운데 선택하기가 사실상 불가능한 상황이라는 얘기를 들으니 말이야. 물론 덜 끔찍할 것 같은 쪽을 선택할 수 있는 사람은 너밖에 없지. 한 가지 선택지는 다프네 무리가 주기적으로 코를 풀어서 콧물이 잔뜩 묻은 크리넥스 티슈 구실을 계속하는 거야. 아직은 네가 완전히 내다 버릴 정도가 아니니까, 그 애들하고 몇 주 더 관계를 이어갈 수 있겠지. 어쩌면 몇 달 동안 이어갈 수 있을지도 몰라. 하지만 어느 정도 시간이 흐르고 나면 다 쓴 크리넥스는 버릴 수밖에 없어. 이 선택지는 그래도 며칠은 그 무리에 속할 수 있게 해줄 거고, 너한테는 그런 소속감이 아주 중요하다는 것도 잘 이해해. 아니면 네가 공주로 변신하는 선택지도 있지. 그렇지만 문제는 그 모임 안에는 남아 있는 공주 자리가 없다는 거야. 그렇다는 것은 곧 네가 그 모임을 떠나야 한다는 뜻이지. 그렇지만 적어도 이걸 결정하는 건 너야. 이렇게 끔찍한 두 가지 길 사이에 더 괜찮은 오솔길이 있었다면 나는 망설임 없이 네게 알려주었을 거야. 그렇지만 카퓌신, 안타깝게도 그런 길은 없어. 미안하다."

카퓌신은 이렇게 힘든 양자택일을 떠올리며 많이 울었습니다. 그러고는 제게 물었습니다.

"공주가 되려면 어떻게 해야 하나요?"

제가 보기에, 여기서 주목해야 할 점은 두 달 전이라면 카 퓌신이 이렇게 대답하지 않았을 거라는 사실입니다. 그렇지 만 이제 카퓌신은 이 상황에 정말로 넌덜머리가 난 것 같았습 니다.

"여러 가지 방법이 있지. 예를 들면 다음에 네가 배제되었 다가 사흘이 지나서 엠마가 너를 찾으러 오면, 엠마한테 이렇 게 말하라고 권하고 싶어. '고마워. 그렇지만 나는 노예 상태 에서 벗어나기로 했어. 너한테는 조금 어려운 일일지도 모르 겠지만 말이야.'"

카퓌신은 엠마를 싫어하는지라 이렇게 대꾸하는 것이 마 음에 들었습니다. 그리고 몇 주 뒤에 이 말을 내뱉었습니다. 엠마는 뭐라고 답할지를 몰랐고, 이 소식을 다프네에게 알렸 습니다. 다프네가 그다음 쉬는 시간에 찾아와 조용히 말했습 니다.

"너는 지금 엠마가 충분히 성숙하게 굴지 않는다는 거야?"

이때 카퓌신은 극도로 분열된 감정을 느꼈습니다. 카퓌신 은 다프네의 새로운 '대장 시녀'가 된 것이었습니다. 정말 오 랫동안 갈망하던 자리였습니다. 그렇지만 더는 고통받고 싶 은 생각이 없었습니다. 카퓌신은 이렇게 답했습니다.

"맞아. 게다가 딱 봐도 말을 들으려고 하지 않잖아. 나는 이 제 너네하고 어울리지 않을 거라고 얘기를 했는데도 말이지."

다프네는 두 번 더 찾아온 뒤에 단념했습니다. 카퓌신은 제게 이렇게 털어놓았습니다.

"다프네가 저를 만나러 찾아올 때마다 점점 더 관심이 떨어지더라고요. 너무 이상하죠."

교사와 학교의
역할

반 아이들이 교사를
괴롭힐 수도 있나요?

실제로 괴롭힘이라고 얘기할 수 있는 경우가 있습니다. 이를테면 반에 있는 주동자들이(주로 중학교에서 벌어지는 일입니다) 선생님을 화나게 만들거나 아이들에 대한 통제력을 잃도록 만드는 데 집착할 때 그렇습니다. 고작 한 번일지라도 그런 상태가 되었다는 사실은 주동자들에게 다시 괴롭힘을 시작하려는 욕망을 불어넣습니다. 무엇보다도 중학생들의 관점에서는 어른이 통제력을 잃는 모습을 보는 게 아주 우습기 때문입니다. 그리고 이런 사건이 인기라는 관점에서 봤을 때 제법 큰 점수를 얻게 해주기 때문입니다. 몇몇 학생들이 그만하라고 얘기해도 별로 소용이 없습니다. 이렇게 말리는 학생들은 무리에서 반역자와 같은 취급을 받습니다. 그리고 이럴 때 말리는 행동은 그저 악순환을 키울 뿐입니다.

중학생들이 하는 놀이의 상당수가 바로 이런 목적을 추구합니다. 단순하고, 집단적이고, 대체로 웃기고(피해자가 되지 않는 경우라면요), 어른들이 통제할 수 없다는 것이 특징입니다. 학생들의 의도는 선생님이 학생들을 통제하려 하는 걸 실패하게 만드는 것입니다.

오래된 놀이가 하나 있습니다. 첫 번째 규칙은 입을 열지 않은 채 모두 다 같이 웅얼거리는 소리를 내는 것입니다. 누가 소리를 내고 누가 안 내는지를 판별하기가 어려운지라, 아이들을 단합하게 만들고 압박감도 무척 큽니다. 두 번째 규칙은 선생님이 한 학생에게 벌을 주면, 그 학생이 자기는 소리를 내지 않았다며 거세게 불만을 제기하고, 다른 학생들은 모두 그 학생을 옹호해줘야 한다는 것입니다. 그렇게 해서 또 한 번 교실은 떠들썩해지고, 이렇게 되면 수업을 진행할 수 없습니다. 이것이 바로 '그렇지만 재판관님, 저는 맹세합니다'라는 규칙입니다. 이 법칙은 비슷한 속성을 지닌 대부분의 집단적인 놀이에도 똑같이 적용됩니다.

타조 놀이도 있습니다. 모두 다 무언가를 찾는 것처럼 바닥에 내려놓은 가방 속에 고개를 처박는 것입니다. 그러면 선생님은 아무도 고개를 들지 않는 교실 앞에 서 있게 됩니다. 이때도 마찬가지로 한 학생에게 벌을 주면 그 학생은 고개를 들고 필통이나 공책을 보여주며 이렇게 얘기할 것입니다. "선생님, 오해하신 거예요. 저는 펜을 찾고 있었다고요." 그렇게 하면 앞의 놀이와 똑같이 모두가 이 학생을 옹호하기 시작합니다. 또 모든 학생이 동시에 기침하거나 목을 가다듬을 수도 있습니다. 선생님이 벌을 주려고 하면 천식 때문에 발작이 온 것이라고 협박하면서 말입니다.

제가 만났던 한 프랑스어 선생님은 자신이 맡았던 반에서 만들어낸 놀이를 설명했습니다. '과일샐러드'라는 놀이였습니다. 학생들이 과일 이름을 하나씩 할당받습니다. 그리고 선생님이 그 과일의 색깔을 말하거나 교과서에서 읽을 때면, 해당 학생이 과일 이름을 외치면서 느닷없이 일어섭니다. 그러고 나면 전혀 예상치 못하게 반 아이들이 모두 일어서면서 "과일샐러드!"라고 외칩니다.

또래 사이에서 괴롭힘이 일어날 때와 마찬가지로 이런 놀이가 지속될 때는, 나아가 빈도가 늘어나고 방식이 다양해지는 동안에는 해당 시점에 취약함을 보이는 선생님들만을 대상으로 합니다. 따라서 젊고 경험이 없는 선생님만을 대상으로 삼지 않습니다. 정규직 선생님이지만 특정 시점에 유독 취약해진 선생님들도 얼마든지 공격 대상이 될 수 있습니다.

이는 무척 고통스러운 시간입니다. 모욕감, 무력감, 더러는 수치심을 느끼기 때문에 교사직을 계속할지 다시 생각해보게 될 수도 있습니다. 우리가 보기에 이는 중대한 문제입니다. 이 경우에도 마찬가지로 문제가 벌어지는 동안에 실용적이고 효과적인 해결책이 필요합니다.

선생님이 어떻게 해야
반 아이들의 괴롭힘에서 벗어날 수 있나요?

쥐스틴은 5학년을 담당하는 생물 선생님입니다. 이제는 더 이상 선생님 노릇을 할 수가 없습니다. 특히 5학년 3반이 견디기 힘듭니다. 지금이 3분기 초반인데 제대로 했던 수업이 한 번이라도 있는지 떠올릴 수가 없을 정도입니다.

첫 수업부터 그랬습니다. 수업이 시작하고 30분쯤 지나자마자 주동자 세 명이(나중에 살펴보니 주동자 한 명에 추종자 두 명이었습니다) 선생님의 권위에 도전해 선생님을 곤경에 빠뜨리는 데 성공했습니다. 그 아이들은 쥐스틴이 등을 돌리기만 하면 교실을 가로지르며 물건을 던지기 시작했습니다. 쥐스틴은 한 학생이 필통을 받는 것을 보고 그 학생에게 벌을 주었습니다. 그러자마자 그 학생은 필통이 떨어지지 않도록 그저 붙잡았을 뿐이라면서 부당하다고 난리를 쳤습니다. 그래서 벌을 주는 것은 순전히 오해 때문이라는 식으로 흘러갔습니다. 반 아이들 거의 다 그 학생 편을 들었습니다.

공정하게 행동하려고, 또 첫날부터 모든 학생과 척지지 않으려고 신경 쓰던 쥐스틴은 결정을 180도 바꾸었고, 아슬랑에게 필통을 던진 사람이 누구냐고 물었습니다. 모두가 입을 다물었습니다. 쥐스틴은 아슬랑에게 콕 집어 물었습니다.

"너한테 필통을 던진 게 누군지 얘기 안 하면 너한테 벌을 줄 거야."

아슬랑은 자기는 고자질쟁이가 아니니까, 친구를 배신하느니 학교 끝나고 한 시간 동안 남는 벌을 받는 편이 낫다고 대답했습니다. 그러자 반 아이들이 박수를 쳤습니다. 쥐스틴은 신경질이 났습니다. 여기가 무슨 마피아 조직도 아니고, 아슬랑이 다른 학생 대신에 벌을 받는 쪽을 택한다고 해도 상관없었습니다. 쥐스틴은 아슬랑에게 생활기록부를 달라고 요청했습니다. 그리고 수업을 다시 시작하자 종이 울렸습니다.[44]

쥐스틴은 자신이 너무나도 부당한 대우를 받는다고 느꼈고, 그래서 반 전체에게 벌을 주었습니다. 그 뒤로도 반 아이들은 쥐스틴의 수업을 방해하려고 온갖 행동을 벌였고 모두 성공했습니다. 그렇게 개학 날부터 진이 다 빠진 쥐스틴은 이 반 때문에 1년 내내 끔찍하겠다고 생각했습니다. 그리고 8개월 뒤 그 생각은 적중했습니다.

쥐스틴은 제게 이렇게 말했습니다.

"그 반 아이들 창의력이 배가되었더라고요. 결국 제가 꺾일 정도로 말이에요. 제가 한 명, 두 명, 열 명, 어떨 때는 반 전체에 벌을 주는 일도 심심찮게 벌어질 만큼 저를 끝까지 몰아세워요. 제가 생활기록부를 달라고 하는 일 없이는 30분도 그냥 지나가는 법이 없어요. 학생들을 학생부로 보내지 않는 날이 아주 드물어요. 종 놀이, 타조 놀이, 기침 놀이를 하거나 아니면 제가 한 명씩 교실 구석에 앉혀둔 아슬랑과 나머지 시종 노릇을 하는 두 학생이 큰 소리로 충돌 시합을 해요. 그래서 제가 모두 학생부로 보낼 때까지 말이에요. 그렇게 가면 잠잠해지지만 집단적으로 하는 놀이 한두 개를 어김없이 겪곤 해요. 저는 도저히 참을 수 없을 정도로 바보 같고 피곤한 짓이라고 얘기하며 짜증을 내지요. 그러고도 놀이가 이어지면 한두 명한테 벌을 주고요."

그래서 수업은 아주 힘들게 진행되었고, 2분기 때 학급 면담을 할 때 학부모 대표들은 생물 수업 분위기에 불만을 제기했습니다. 몇몇 학생들이 수업을 들을 수 없다고 밝혔던 것입니다. 쥐스틴은 끔찍했습니다. 너무나 속상하고 무력해져서 자신도 부당한 행동을 하게 되고, 참을성이 없어지고, 이제는 정말로 학생들이 꼴도 보기 싫어졌기 때문입니다. 그녀는 이렇게 얘기했습니다.

"정말 모르겠어요. 이러려고 제가 교육전문대학원ESPE에서 공부를 한 건 아닌데 말이에요. 한 달 전부터는 복도에서 학생들하고 마주치면 인사말에도 대답을 안 하게 되었어요. 학생들이 가식적이라는 생각이 들고, 학생들을 혼내고 싶고, 대체 왜 저를 이렇게 대하는지 묻고 싶어요. 제가 대체 뭘 했다고 그렇게 행동하는 거죠? 캐묻기라도 해야 하는 걸까요? 그러다 보면 그 애들이 인류애를 발휘할지도 모르죠."

그렇게 그녀는 면담 내내 미처 의식하지 못한 채 횡포와 고문에 이르는 장을 헤집고 다녔습니다. 우리는 괴롭힘 피해 학생들이 이런 질문을 던질 때 평소 하는 대답처럼, 그녀에게 학생들이 괴롭힘을 계속하는 이유는 어떤 시스템이 작동하기 때문이고, 누가 되었건 간에 어른이 분노를 폭발하게 만드는 것이 청소년 권력의 차원에서 보면 이루 말할 수 없이 흥미로운 일이기 때문이라고 답해주었습니다. 그래서 학생들은 지난 8개월 동안 이 끝없는 즐거움을 키워갔던 것입니다. 그녀가 학생들에게 완전히 굴복했으니까요. 그녀는 미처 의식하지 못하는 사이에, 자신의 의지와는 상반되게 생물 수업 교실이 배경인 커다란 게임의 주인공이 되었던 것입니다.

이런 맥락에서 봤을 때, 잔혹한 학생들에게 따뜻한 마음을 일깨워주려는 바람을 품고 왜 그렇게 행동하는지를 묻는다면 바로 이 행동이 악순환을 키울 것이라고 우리는 보았습니다.

이미 그녀를 너무나 고통스럽게 만들었던 악순환을 말입니다. 그래서 지금까지 해오던 행동과 180도 반대되는 행동 계획을 구상했습니다.

쥐스틴은 수업이 끝난 뒤 주동자와 그 추종자들을 불렀습니다. 그리고 자신이 그들의 우정을 과소평가했다고 말했습니다. 지금까지 세 학생을 따로 앉혀두어서 미안했고, 이제부터는 셋이 더 쉽게 소통할 수 있도록 자신의 목소리가 성가시게 느껴지지 않는 교실 끄트머리에 있는 조용한 자리를 준비해두었다고 했습니다. 생물 수업에 그 아이들은 전혀 흥미가 없으니 말입니다. 그리고 더는 이 문제로 세 학생을 성가시게 하지 않았습니다.

그런 다음 쥐스틴은 교육부에서 학생들이 선생님의 화를 돋우려고 활용하는 계획에 관한 논문을 준비하기 위해 학교에 연락했다고 반 전체에 알렸습니다. 그리고 자신이 이 일에 자원해서 나섰다고 했습니다. 첫 번째 이유는 보수가 무척 많기 때문이고, 두 번째 이유는 별로 어려운 일이 아닐 것이기 때문이라고 말입니다. 이와 관련된 사례가 차고 넘치는 반이 있었으니까요.

쥐스틴은 바로바로 기록할 수 있도록 최대한 못된 장난을 쳐주면 고마울 것이라고 했습니다. 그리고 지금부터는 학생들이 놀이를 시작할 때면 잠시 멈추고 이렇게 얘기하겠다고 알렸습니다. "아, 고마워. 내 논문에 도움이 되겠구나." 실제로 쥐스틴은 그것 말고는 별다른 얘기 없이 메모만 했습니다. 그러고는 놀이의 혁신성과 소란의 수준에 관해서도 메모했습니다. 그러면서 더 이상 동요하지 않은 채 수업을 이어갔습니다. 이와 같은 무심함 앞에 5학년 3반은 손을 들었습니다.

부모들이 교사를
괴롭힐 수도 있나요?

충분히 일어날 수 있는 상황입니다. 지난 10년 동안 실제로 학부모에게 괴롭힘을 당했다며 제게 찾아와 호소하는 선생님들을 세 명 만났습니다. 모두 초등학교 선생님들이었습니다. 그 밖에 또 다른 공통점도 있었습니다. 모두 농촌에 있는 작은 마을에서 벌어진 일이었습니다. 보아하니 마을 사람들이 모두 서로 알고 지내는 곳 같았습니다.

이 두 가지 요소는 상보적 고조의 강도가 얼마나 높았을지를 짐작할 수 있게 해줍니다. 혹시라도 잘못을 할까 봐 두려워하고, 바게트를 사러 가면 학부모의 적대적인 얼굴을 마주하게 되는 교사는 당연히 불안이 극에 달해 있었습니다. 그러니 상호작용을 할 때도 서투르기 마련입니다. 보다 익명성이 보장되는 도시 지역에 비하면 두말할 것도 없이 일상에 더 즉

각적이고 폭력적으로 파고든다는 점이 두드러집니다.

초등학생의 부모들은, 특히 맏이나 외동인 아이가 연관된 상황이라면(그렇지만 꼭 이 경우에만 한정되는 것은 아닙니다) 학교 때문에 아이에게 문제가 생길까 봐 무척 걱정합니다. 평균적으로 중학생 학부모보다 더 학교를 예의주시하는 이 초등학생 부모들은 자신의 불안감 때문에 학교에 조금 더 개입하게 되고, 따라서 이들 역시 서투르게 행동하는 경우가 많습니다. 흥미로운 점은 부모나 선생님 때문에 아이가 고통받지 않도록 막으려는 것은 물론, 아이의 행복을 위한다는 의도로 그렇게 행동하는 경우가 많다는 점입니다.

세 번째 공통점은 결과와 관련이 있었습니다. 저를 찾아온 선생님 가운데 두 분은 전근을 요청했고, 세 번째 선생님은 직업을 바꾸기로 했습니다. 그렇지만 긍정적인 방식이라기보다는 고통스러운 방식에 가까웠습니다. 이는 그런 상황에서 겪는 고통이 얼마나 심한지를 잘 보여줍니다.

잘해야 한다는 생각에 정말로 걱정이 많았던, 바질이라는 이름의 젊은 선생님 한 분이 유독 기억이 납니다. 바질은 자신이 맡은 초등학생들의 고충을 무척 잘 들어주었습니다. 부모들이 바질이 맡은 1학년과 2학년 반은 "다르다"라고 하면서 신경을 쓸 정도였습니다. 그런데 이런 그녀의 방식에 조숙증일 가능성이 있고(수치는 나중에 판단하자고 부모와 전문의가 합의한 상태였습니다) 주의력 장애가 있다는 진단을 받은 레옹의 행동은 무척 방해가 되었습니다. 레옹은 아무런 예고도 없이 짤막하게 고함을 지르고, 책상 밑으로 기어가고, 이상하게 트림을 내뱉고, 도무지 손을 쓸 수 없이 미친 듯이 웃어대곤 했습니다.

아무래도 극심한 정신적인 고통을 드러내는 것 같은 레옹의 행동에 혼란스러워진 선생님은 처음에는 부모님을 호출해서 자신이 관찰한 내용을 알리고, 레옹을 멈출 수 있는 계획을 함께 실행하기로 마음먹었습니다. 레옹이 걱정되기도 했거니와 레옹의 행동이 교실을 심하게 어지럽혔기 때문입니다.

그런데 레옹의 부모님은 개인의 특성에 맞춰 교육하는 것이 중요하다며, 레옹에게는 더 참을성을 발휘하고 긍정적인 면을 높이 평가하며 특히 체벌해서는 안 되고 아이의 고유한 리듬에 적응해야 한다고 말했습니다. 첫 번째 면담 때 레옹의 엄마는 이렇게 얘기했습니다.

"레옹은 마치 이국적인 꽃 같은 아이거든요."

그 말을 들은 바질은 곧바로 마음속에서 자신은 원예가가 아니라고 항변했습니다. 물론 이 생각을 레옹의 어머니에게 얘기하지 않도록 주의를 기울였습니다. 그래서 바질은 개인의 특성에 맞춰 교육하려고 노력해보았습니다. 모둠 활동 시간이 되면 레옹을 최대한 차분한 상태로 유지시키려고 바로 옆에 자리를 잡고 앉았습니다. 그리고 옆을 지키면서 개별 활동을 도와주고, 맞춤형 활동을 제공해주고, 레옹이 무언가를 해내면 더 과장되게 추켜세웠지만 상황은 나빠질 뿐이었습니다. 레옹은 사방팔방으로 날뛰었고, 사람들이 말을 하면 귀를 막았고, 바질과 시선을 맞추지 않으려 했고, 다른 학생들을 밀치기 시작했습니다. 바질은 점점 더 무력해지는 동시에 짜증 나는 기분이 들었습니다.

두 번째 면담은 레옹의 읽기 능력에 진전이 없다며 걱정하는 부모님의 요청에 따라 이뤄졌습니다. 바질은 이렇게 답했습니다.

"당연한 귀결이라고 볼 수 있습니다. 레옹은 프랑스어를 배울 때면 소리를 지르면서 팽이 흉내를 내는 걸 좋아하거든요."

그러자 레옹의 아버지는 바질의 나이를 물었습니다. 바질은 이건 나이의 문제가 아니라 아이의 정신적 문제와 관련이 있는 일이라고 답했습니다. 레옹의 어머니는 선생님이 되려면 적응할 줄 알아야 한다고 대꾸했습니다. 바질은 자기가 손이 10개인 것도 아니고 다른 아이들 23명을 돌봐야 하기에 불가능한 일이라고 반박했습니다. 다행히 모든 아이가 레옹 같지는 않다고 말했습니다. 그리고 자신은 최선을 다했지만 아무래도 레옹은 정신과 검사를 받아야 할 것 같다고 얘기했습니다.

레옹의 아버지는 그렇게 무능한 태도는 용납할 수 없으며 레옹이 남들과는 다른 아이라고 알렸는데도 제대로 대처하지 못했다고 고함을 치면서 자리에서 일어섰습니다. 그러고는 감독관과 교장에게 편지를 보내 이를 알렸습니다. 또한 "남들과 다른 아이들에게도 기회를 줘야 한다"라고 주장하며 마을에 있는 여러 상점에도 청원서를 배부했습니다. 바질은 상사의 지지를 받았지만 결국 근무하는 학교와 지역을 옮겼습니다. 바질에게는 아주 고통스러운 기억이었지요.

괴롭힘 사실을 알게 되었을 때
교사가 피해야 하는 행동은 무엇인가요?

　최대한 신중하게 여러 가지를 살펴봐야 합니다. 일반적으로 우리가 보기에 학교에서 일어나는 괴롭힘에 관한 대다수 행동의 근본적인 잘못은 바로 끈기와 관련이 있습니다. 현실적으로, 문제를 해결하지 못하는 행동을 끈기 있게, 심지어는 강도를 높여가면서 하는 것은 오히려 아이들의 취약함을 키우고 상황을 더 나쁘게 만듭니다. 바로 우리가 지켜주려고 하지만 우리 손에 더 취약해지는 아이들 말입니다. 조금 더 구체적으로 얘기해보면 가장 위험이 크다고 여겨지는 다음과 같은 행동입니다.

　첫째, 원칙을 살펴보자면 연령대와 무관하게 두 아이 사이에 또는 한 아이와 여러 아이 사이에 '친구 관계를 강요하는 행동'은 대단히 위험합니다. 이렇게 하면 교육자는 자신의 인간관계가 아닌 관계에 간섭하게 됩니다. 이 상황을 가장 적절하게 보여주는 비유는 바로 실입니다. 이 실은 두 사람이 상호작용을 하도록 연결하는 선을 상징합니다. 이 관계 바깥에 있는 사람이 어떤 사람이건 간에, 그 사람의 호의나 창의성이 어떻든 간에 그 사람이 이 실에 간섭하면 그 순간부터 실이 엉키고 자신이 바라던 것과 반대되는 결과를 초래합니다.

그 사람은 그렇게 해서 실패를 불러일으키는 장본인이 될 것입니다. 그렇게 개입한 행동이 문제를 전혀 해결하지 못할 테니까요. 더군다나 이런 점 때문에 괴롭힘을 멈추고자 애를 쓴 수많은 학교 관계자가 선의를 품고 노력했는데도 실패하고, 그다음에는 충분히 "강경하지" 않았다거나 충분히 "위협적이지" 않았다며 비난을 받는 것입니다.

(개인적이건 집단적이건 간에) '교훈적인 얘기'를 처음에 했을 때 문제를 해결할 만한 영향을 전혀 끼치지 못했는데 이를 또다시 여러 번 하게 된다면, 괴롭힘 가해자와 피해자 사이의 상호작용을 확고하게 만들 위험이 있습니다. 가해 학생이 보기에(그리고 피해 학생과 목격자들이 보기에도) 괴롭힘을 당하는 학생이 피해자라는 지위를 강화하기 때문입니다. 따라서 문제를 증폭시킬 수 있고, 이로 인해 생겨나는 고통도 더 키울 수 있습니다.

괴롭힘 상황을 전혀 바꾸지 못한 '점진적인 처벌', 예를 들면 규칙 환기하기, 학부모 호출, 방과 후에 학교에 남는 벌, 징계위원회 소집, 정학 또는 퇴학은 가해 학생이 괴롭힘을 다른 학생들에게 위임할 경우 위험한 역효과를 낼 수 있습니다. 이런 조치는 특히 피해 학생이 혼자서는 자신을 지킬 수 없고, 그래서 평생 취약한 상태로 지내리라 생각하게 합니다. 그 학생이 지닌 능력을 스스로 활용할 기회를 우리가 앗아갔기 때문입니다.

그렇지만 반대로 피해 학생에게 자기 힘으로 자신을 지킬 수밖에 없다고 얘기하거나, 자신감을 더 가져야 한다고 얘기한다면 이는 그 아이를 저버리는 것과 다름없습니다. 이는 당연히 문제를 해결하지 못할 것입니다.

피해 아동과 함께 악순환을 멈추려는 이 과정에 개입하려고 하는 순간부터, 엄격한 동시에 창의적이면서도 따뜻한 마음을 품고 있어야 합니다. 그리고 성공할 때까지 아이와 동행하기 위해서는 이런 유형의 문제 해결 방법을 제대로 훈련받아야 합니다.

반 전체에 처벌을 공지하는 것은
괜찮은 방법인가요?

이 방법은 일단 의도는 좋습니다. 괴롭힘이란 나쁜 것이고 용인해서는 안 되며 처벌을 받아 마땅하다, 따라서 이를 멈춰야 한다는 생각을 반 전체와 공유하겠다는 의도 말입니다. 이 방법이 효과가 있는 경우도 더러 있습니다. 그렇지만 또 어떨 때는 안타깝게도 역효과를 내는 경우도 많습니다. 다시 말해 어른들이 금지된 행동에 관해 그렇게나 시간을 들여 설명하면, 그렇게 금지된 행동은 더더욱 욕망의 대상이 됩니다. 게다가 공지하면서 어른이 경호원처럼 개입하면 아무런 방어 능력이 없는(그래서 다른 학생이 전혀 어려움 없이 거칠게 대할 수 있는) 피해 학생과 전지전능한 학생들 사이의 관계를 더 공고하게 만들 위험이 있습니다.

실제로 아무도 그 학생의 이름을 꺼내지 않더라도, 반 아이들은 어른이 이 주제를 언급하는 이유를 즉각적으로 알아챌 것입니다. 더군다나 바로 이런 이유로 피해 학생이 이와 같은 해결법을 망설이는 것이기도 합니다. 결과를 예감하고 있는 것이지요. 그렇지만 이런 점을 정반대로 활용할 수도 있습니다. 피해 학생이 유독 용감한 편이고, 선생님 한 명이나 여러 명이 합세한다면 피해자 본인이 공지에 적극적으로 나설 수도 있고, 굳이 언급하지 않고도 가해 학생을 웃음거리로 삼는 것을 목표로 삼을 수도 있을 것입니다.

예를 들면 우리는 신체를 가지고 놀리는 남자아이들의 먹잇감이 된 열여섯 살 마고에게 성폭력에 관한 발표를 해보도록 제안했습니다. 마고는 프랑스어 선생님과 함께 제법 우스운 이야기를 만들어냈습니다. 이야기 속에는 남자아이들 세 명과 마고의 특징이 반영되어 있었고, 사실을 구체적으로 설명하고 있었습니다. 이야기를 들려주는 동안 마고는 "할 수 없지만, 중학교에서 생활하기 쉽지 않을걸"이라는 말을 여러 번 또박또박 읽었습니다. 누구인지 알아볼 수 있을 만큼 우스꽝스럽게 묘사된 여성 혐오자 세 명에게 모두의 시선이 꽂혔습니다. 이는 '괴롭힘은 나쁜 행동'이라는 교훈을 주는 것이 아니라 피해자라는 지위를 즉시 지워버리고 가해 학생들을 불편하게 만드는 용기 있는 행동입니다. 바로 그 학생들의 인기에 해를 끼치는 행동이기 때문입니다.

교장 선생님은
어떤 역할을 할 수 있나요?

초등학교, 중학교, 고등학교와 관련된 여느 프로젝트에서 그렇듯이 교장 선생님은 학교 폭력에 맞서는 과정에서 단연코 중요한 역할을 맡고 있습니다. 교장 선생님이 어떻게 추진하는가에 따라 가장 핵심적인 진전이 이뤄지기도 하고, 당혹스러운 후퇴가 일어나는 경우도 많습니다.

교장 선생님이 학교 폭력 문제를 다루는 방식은 실제로 학교가 이 문제에 관해 취하는 행동 하나하나에 반영됩니다. 공공 안전을 가장 중요시하는 어떤 교장 선생님들은 의도치 않게 교묘하고 눈에 잘 띄지 않는 괴롭힘을 불러일으킬 수 있습니다. 이런 괴롭힘이 드러나면 본보기가 되도록 강도 높은 벌을 주어서, 피해 아동이 개인적으로 학습할 기회가 생겨나지 않습니다. 또 어떤 교장 선생님들은 자신의 학교에는 이런 문제가 없다고 생각해서 고통을 야기하는 상황이 지속되도록 내버려둡니다. 이런 문제는 그저 아이들 사이의 사소한 싸움이라고 치부하면서 말입니다. 솔직히 말씀드리면 이런 경우는 점점 더 드물어지고 있는 것 같습니다.

저는 프랑스 안에서 출장을 다니면서 수많은 교장 선생님들을 만날 기회가 있었습니다. 상황을 바꾸고 싶다는 교장 선생님들의 크나큰 의지 앞에서 저는 매번 감탄합니다. 분명히 짚고 넘어가야 할 점은 저를 초청해 학교에서 벌어지는 일에 개입해달라고 요청하는 교장 선생님들은 이런 문제에 대한 감수성이 유독 높다는 사실입니다. 이런 교장 선생님들은 팰러앨토 학파의 실천가들이 분석한 내용을 합당하다고 보는 경우가 많습니다.

대체로 이런 분들은 특정한 괴롭힘을 멈추고자 상식적인 해결책을 적용했지만 아무런 성과가 없었던 경우가 많습니다. 교장 선생님들이 우리와 함께 노력해보기로 했을 경우 그들이 맡을 수 있는 역할은 바로 시스템 안의 모든 행위자를 포함하는 계획의 심부름꾼 역할입니다. 그렇게 해서 어떤 교장 선생님들은 일주일 안에 다음과 같은 일들을 기획합니다.

- 학부모들을 위한 강연: 제일 반항적인 아이들에게 주는 벌을 늘리기보다는 취약한 아이들에게 필요한 능력을 갖춰주는 것

이 더 효율적이라는 점을 보여주는 게 목적입니다. 이런 강연은 상당수 가족의 마음을 즉각적으로 달래줄 수 있습니다. 그러면 그전까지는 쓸모가 없다고 판단했거나, 심지어는 문제를 방임한다고 판단했던 학교 관계자를 만날 때도 공격적인 태도가 덜합니다. 그리고 고통받는 아이와 함께 더 잘 노력할 수 있습니다. 어른들이 동일한 행동 계획을 따라 나아가기 때문입니다.

- 학교 관계자를 위한 강연과 연수: 학교 관계자가 피해 아동의 능력을 활용해서 문제를 해결하도록 도와주려는 목적입니다.

- (우리가 준비한 자료*에 따라 선생님과 함께 노력해본 뒤에) 괴롭힘을 멈출 수 있도록 개인에 맞춘 전략을 구상하는 일에 자발적으로 참여하는 아이들을 위한 연수: 본인이 피해자인 경우일 수도 있고, 또래 학생을 돕고 싶은 경우일 수도 있습니다.

다양한 강연과 연수를 소개하면서 교장 선생님 스스로가 이와 같은 기획을 중시한다는 사실은 이렇게 새로운 시행 방침에 무척 도움을 주는 정당성을 확실하게 부여해줍니다. 어떤 교장 선생님들은 학교에 있는 책임자 한두 명(학교 전담 상

● 테드X 강연을 시청하고 토론해볼 수도 있고, 다음 책에 실린 연습문제를 함께 실천해볼 수도 있다. 에마뉘엘 피케, 《괴롭힘에 맞서 자신을 방어하는 법(Je me défends du harcèlement)》, 파리, 알뱅 미셸(Albin Michel), 2016.

담사, 교내 간호사, 심리 상담사)이 교육을 받도록 해서 기획을 구체화합니다. 학위로 능력이 검증된 인력을 자신이 맡은 초등학교나 중학교에 있는 학생과 그 가족들에게 선보이고자 하는 목적으로 말입니다. 한 가지 확실한 점은 바로 교장 선생님의 승인이나 추진 없이 학교 폭력 문제에 관해 노력하는 건 거의 불가능하다는 것입니다. 적어도 학교 관계자로서는 절망적인 수렁에 빠지는 일이 될 것입니다.

교사가 부모에게
알려야 하나요?

    교육자들이 학교나 지역에서 활동할 때 자주 마주치는 까다로운 질문입니다. 그렇지만 이런 딜레마에 곧잘 직면하는 것은 교내 간호사인 경우가 더 많습니다. 이들은 어떻게 행동해야 할지 몰라 대개 자신의 직감에 따르고는 합니다(직감을 따른 결과 주로 성공을 거두기는 합니다).

    '원칙적으로 볼 때' 이 질문에 대한 답은 '그렇다'입니다. 괴롭힘 피해 아동의 부모와 협력해서 노력한다면 효과가 더 커진다고 보증할 수 있기 때문입니다. 교육자가 마련한 전략을 피해 아동의 부모가 인정해주고, 나아가 전략을 더 다듬을 수 있도록 도움을 준다면 그리고 아이가 새로운 태도에 익숙해질 수 있도록 훈련한다면 분명 효과가 배가될 것입니다. 또한 상황이 매우 심각하고 심지어는 위험해질 경우 교육자가 부모에게 알리는 편이 훨씬 안심됩니다. 실제로, 아이와 가족에게 극적인 상황이 빚어질 경우 이처럼 고통스러운 상황을 알리지 않았다며 부모가 교육자를 비난할 것이라는 사실은 어렵잖게 떠올릴 수 있습니다.

그렇지만 특수한 상황도 있습니다. 특히 어린이나 청소년이 상대방에게 자신이 겪은 일을 얘기하고는 자신의 부모에게는 알리지 말아달라고 간곡히 부탁하는 경우가 있습니다. 안타깝게도 이는 중대한 괴롭힘인 경우가 많습니다. 그럴 때면 교육자는 갑자기 크나큰 문제 앞에서 완전히 혼자라는 기분에 빠집니다.

학생이 이렇게 요청하는 이유는 여러 가지입니다. 부모님이 자신에게 일어난 일 때문에 걱정하거나 슬퍼하지 않기를 바랄 수도 있습니다. 수치심이 들어서 자기 앞에 있는 교육자 외에는 다른 누구에게도 얘기를 하고 싶지 않을 수도 있습니다. 얘기하는 것이 너무 고통스럽기 때문일 수도 있고, 지금 부모와의 관계에서 갈등이 있기 때문일 수도 있습니다. 부모가 소식을 들으면 전혀 도움이 되지 않는 방식으로 개입하고 상황을 악화시킬까 봐 두려울 수도 있습니다. 모두 다 합당한 이유입니다.

또한 어린이나 청소년이 요구하는 내용을 단호하게 거절한다면 아이들과의 협력 관계가 사라질 위험이 있고, 따라서 아이들을 도울 기회를 놓칠 수도 있습니다. 그렇게 되면 이와 같은 평판이 학교에 퍼져서, 앞으로 생겨날지도 모르는 피해 아동들이 도움을 구하러 찾아오는 걸 가로막을 수도 있습니다. 따라서 아이의 요청을 거절한다면 이는 아이 쪽에서는 위험하고 역효과를 내는 결정입니다. 교육자는 (어떤 면에서 본다면) 보호받고 있는 반면에 말입니다.

제가 보기에 이런 상황에서 양측 모두 안심할 수 있는 해결책은 바로 교육자가 아이에게 이렇게 답해주는 것입니다. 아이가 동의한다면 괴롭힘 문제를 해결하기 위해 한번 실천해볼 만한 전략을 떠올려보겠다고 말입니다. 불행히도 그 방법으로 충분치 않다면 부모님에게 얘기할 수밖에 없다고 하는 것입니다. 그렇지만 부모님에게 알리는 일이 불러올 파장이 최대한 적도록 도와줄 것이라고 말해야 합니다.

학생과 교육자가 모두 창의적이라면 상황은 점차 개선될 것입니다. 만약 아이가 동의했고, 섬세하게 접근해야 하는 사안이라면 엄격한 교육을 받은 전문가의 감독이 필수적입니다.

처벌이 효과가 없다는 사실을 피해 학생의 부모에게 어떻게 설명해야 할까요?

우리가 교육하는 교육자들이 무척 자주 하는 질문입니다. 교사든, 학교 전담 상담사든, 교장 선생님이든 간에 말입니다. 이들은 학교에서 '본보기가 될 만한 처벌'을 해야 한다는 것이 유일한 요구 사항인 부모들을 대하는 경우가 많습니다. 역설적으로, 가해 학생에게 제대로 된 처벌을 주었을 때 이 부모들은 가장 당혹스러워하고 가장 신랄한 태도를 취합니다. 자신의 아이가 겪은 고통에 비하면 처벌이 충분하지 않다고 생각하면서 말입니다.

이렇게 감정이 격해진 상황에서는 부모의 분노, 슬픔, 혼란스러움을 잘 받아들여 주는 일이 중요합니다. 관계에서 긴장이 고조된 이상, 부모들은 학교를 비난하고 교육자들은 이 첫 단계를 잊어버림으로써 대칭적 고조가 커질 가능성이 아주 큽니다.

사태에 다르게 접근하고 싶다면 학교 관계자들이 부모에게 신속하게 이런 이야기를 해볼 수 있을 것입니다.

"가해 학생들의 잔인함에 무지막지하게 화가 납니다. 당신의 아이에게는 정말 슬픈 마음이 들고요. 지금으로서는 우리가 괴롭힘을 멈추지 못했기에 더더욱 그런 기분이 듭니다. 담임 선생님이 이 내용에 관해 수업 시간에 얘기했고, 가해 학생들에게 학교가 끝나고 남는 벌을 주었으며, 퇴학을 당할 수도 있다고 위협했음에도 말입니다. 제 마음속 깊은 곳에 있는 생각을 말씀드리자면, 우리가 바라는 것과는 달리 과연 이런 조치를 계속해야 하는지 의문이 듭니다. 이런 조치들이 당신의 아이를 더 취약하게 만들었으니까요. 그래서 저는 우리가 함께 다른 전략을 떠올려봤으면 좋겠습니다. 당신의 아들/딸이 실행에 옮길 수 있을 만한 대응책을 구상하는 그런 전략 말입니다. 그렇게 해서 가해 학생을 권좌에서 끌어내고 최대한 많은 사람 앞에서 웃음거리가 되도록 만드는 전략이요. 그것이야말로 진정한 처벌이 될 것입니다."

"그렇지만 여러 계획을 실행하는 건 우리 아이 몫이 아니잖아요. 우리 아이는 피해자라고요. 세상이 거꾸로 되어도 유분수지…."

"사실 피해자라는 말은 아이가 가장 많이 듣는 모욕 가운데 하나라고 생각합니다. 제 마음을 이해해주세요. 저도 당신들과 마찬가지로 이 괴롭힘이 끝나기를 진심으로 바랍니다. 또, 이런 일이 더 이상 일어나지 않기를 바랍니다. 저는 아이가 가해 학생들을 땅바닥에다 내팽개칠 수 있도록 우리가 도와주어야 한다고 생각합니다. 그것이야말로 그 어떤 규정에 따른 조치보다도 가해 학생들에게 고통스러운 일이 될 테니까요. 그리고 당신 아이의 마음도 훨씬 더 평온하게 만들어줄 것입니다. 아이는 존중받는 법을 배울 것이고, 이는 앞으로도 도움이 될 겁니다. 사회생활 역시 녹록지 않다는 사실을, 저와 마찬가지로 여러분도 잘 아실 테니 말입니다."

"그러니까 그 가해 학생들을 퇴학시키면 우리 아이에게 무례하게 굴 수도 없을 텐데요."

"경험적으로 살펴보면 거의 대다수의 경우 퇴학을 시키더라도 괴롭힘은 이어집니다. 마치 다른 학생들에게 배턴을 넘겨주기라도 한 것처럼요. 그리고 피해 학생의 고통은 훨씬 커집니다. 아이는 결코 괴롭힘에서 벗어날 수 없다고 생각하게 되죠. 저는 당신의 아이가 이런 위험을 감수하게 하고 싶지는 않습니다. 당신도 저도, 이미 경험을 통해서 그 순간에는 처벌하더라도 결국은 상황을 악화시키거나 아무런 효과가 없다는 사실을 알게 된 이상 말입니다. 그렇지만 잘 알겠습니다. 당신이 아이가 이와 같은 위험을 부담하도록 하겠다면 저는 따르겠습니다."

가해 학생의 부모에게
교사가 어떤 얘기를 해줄 수 있을까요?

팰러앨토 학파의 실천가들에 따르면, 안타깝게도 특별히 해줄 수 있는 말은 없습니다. 조금 더 정확히 얘기하면 당연히 부모에게 얘기할 수는 있을 것입니다(또한 모든 해결 절차에 가해 학생의 부모를 만나는 단계가 있습니다). 그렇지만 무엇이 되었건 간에 실질적인 효과를 기대할 수는 없습니다. 설령 의도가 훌륭하다고 하더라도, 과연 그런 면담이 괴롭힘을 멈추는 데 얼마나 긍정적인 영향을 끼칠 수 있을지는 무척 회의적입니다. 그런 면담에서는 부모를 상대하는 것이지, 당사자와 직접 얘기를 나누는 것이 아니기 때문입니다.

그런데 이런 상호작용을 바꾸는 것 자체가 이미 어려운 일이고, 다른 사람들끼리 벌이는 상호작용을 바꾸기를 희망하는 것 역시도 헛수고인 경우가 많습니다. 게다가 거의 대다수는 상황을 바꾸는 데 정말로 아무런 관심이 없는 아이를 둔 부모와 얘기를 나누게 됩니다. 따라서 가해 학생의 부모를 회유하면서 이들이 받아들일 수 있는 방식으로 상황을 설명할 가능성이 큽니다.

그 결과 둘 중 하나의 상황이 벌어집니다. 첫째, 가해 학생의 부모가 괴롭힘을 부정할 수도 있습니다(특히 두세 번 호출한 뒤에 그렇습니다). 아무리 따져 봐도 이런 부정은 아무것도 진전시키지 못하고, 심지어는 상황을 악화시킵니다. "그렇게 단정 지을 수 없는 좀 더 복잡한 상황이라고 생각하는데요." "우리 아들은 안 그렇습니다." "학교에서는 한쪽 얘기만 믿으시네요."

어떤 부모들은 가해자/피해자가 누구인지를 따지기까지 합니다. 이때 문제를 제기하는 부모, 즉 학교가 문제를 방임한다고 보는 피해 아동의 부모와, 방어적인 부모, 즉 가해 학생의 부모이자 처벌을 줄이기 위해 문제 제기가 거짓임을 입증하려는 부모 사이에서 교육자가 옴짝달싹 못 할 수 있습니다.

둘째, 아주 드물기는 하지만 가해 학생의 부모가 자신의 아이에게 이 사안의 심각성을 알리고, 학교와 협력해서 아이에게 설교하거나 벌을 주려고 할 수도 있습니다. 하지만 그렇게 되면 피해 학생의 취약함을 증폭시킬 위험이 있습니다. 피해 학생이 '밀고자'라는 평판을 받게 만들기 때문입니다.

가해 학생의 부모에게 단순히 다른 아이가 겪은 고통을 가해 학생이 확실히 알게끔 해달라고 얘기하고 그 이상은 요구하지 않으면서 면담하는 것은 합리적이고 실현 가능한 방법입니다. 그렇지만 이것만으로는 문제를 해결하는 데 충분치 않습니다.

교사, 상담사, 간호사는
어떤 교육을 받을 수 있을까요?

각 부처에서 사용하는 '괴롭힘'에 관한 학술적 참고 자료는 국립 교육고등학교(국가 교육 계획에 따라 3년 동안 학교와 관련된 교육을 합니다)에서 정기적으로 작성합니다. 그러면 이 참고 자료를 바탕으로 전문학교에서 교육 조직을 구성합니다. 학교와 지방 공공 교육기관에서 필요한 부분에 최대한 맞춰 전문가 육성자들의 네트워크를 조직화하는 것이 목표입니다.

전문학교와 각 부처에서는 2013~2014년에 수많은 교육을 진행했습니다. 대다수가 교육과정 2단계에 해당했으며, 지금도 교육은 계속 이어지고 있습니다. 특히 교육과정 1단계를 더 널리 보급하기 위해서입니다.

• 26개 전문학교가 교육자를 대상으로 하고 있습니다.

- 21개 전문학교가 괴롭힘 분야를 학술적 교육 프로그램Paf에 포함하고 있습니다.
- 18개 전문학교가 학생들을 대상으로 교육합니다.
- 21개 전문학교가 온라인 교육을 운영하고 있습니다.

나아가 교육을 계속 이어갈 경우, 교사들은 마지스테르 M@gistère* 과정에서 괴롭힘 관련 교육 시간(9시간)을 인정받을 수 있습니다.

2016년부터 부르고뉴 대학은 ESPE**와 협약을 맺고 학교와 유치원에서 고통을 경감시키는 교육을 시행하고 있습니다. 각 과정에는 20명이 참여하며, 이 참가자들은 다음과 같은 주제에 관해서 팰러앨토 학파에서 고안한 문제 해결 방법을 익힙니다.

- 교육과정 1단계: 학교에서 겪는 고통에 관한 팰러앨토 학파의 인식론 소개(24시간)
- 교육과정 2단계: 학교에서 발생하는 어려운 상황(24시간)

● 마지스테르는 프랑스 교육부에서 운영하는 온라인 교원 연수 플랫폼으로, 개별 사용자에 맞춰 지역에 구애받지 않고 쌍방향 교육을 제공하는 것이 특징이다. 참고 링크: https://magistere.education.fr/dgesco/mod/page/view.php?id=2234(옮긴이).
●● 프랑스 교육 전문 대학원.

- 교육과정 3단계: 학생들 사이에서 관계 때문에 생기는 고통 (24시간)

- 교육과정 4단계: 학습과 관련된 학생들의 고충(24시간)

- 교육과정 5단계: 새로운 기술과 관련된 고충(24시간)

교육과정 3단계를 살펴보면 이 과정은 사흘에 나눠서 진행됩니다. 첫날에는 팰러앨토 학파에서 이와 같은 유형의 문제를 해결할 때 적용하는 원칙을 소개합니다. 둘째 날에는 초등학교, 중학교, 고등학교에서 있었던 실제 괴롭힘 사례와 당시 적용했던 해결책을 소개합니다. 셋째 날에는 역할극 형태로 참가자들이 훈련하며 배운 방법을 더 능숙하게 활용하도록 연습합니다. 각 교육과정 단계마다 참가자에 대한 개별 평가를 하고, 해결이 필요한 사례도 발표합니다.

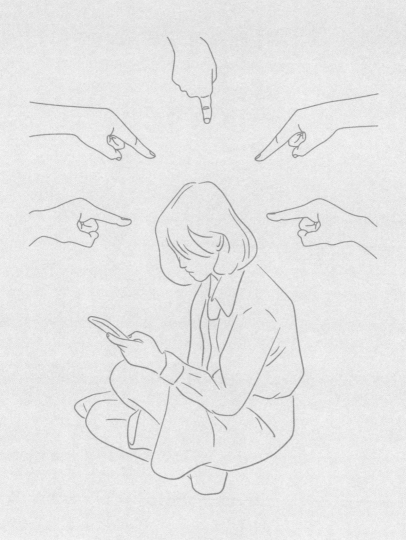

SNS 폭력에
대처하는 법

온라인상의 괴롭힘은
일반적인 괴롭힘과 같은가요?

관계의 구조를 본다면 정확히 같습니다. 다른 점은 바로 매체이며 그 결과 폭력의 강도와 고통의 강도도 다릅니다. 문자메시지, 스냅챗Snapchat, 트위터, 페이스북을 활용해서 학교 바깥에서도 괴롭힘이 이어진다면 이는 어떤 장소도 안전하지 않다는 의미입니다. 어린이나 청소년의 방까지 온종일 공포가 밀려들어 오는 셈이기 때문입니다.

또 다른 점은 괴롭힘이 익명으로 벌어질 수 있다는 사실입니다. 이는 공격이 지닌 폭력성을 훨씬 더 증폭시킵니다. 잘 알다시피 피해자를 직접 마주할 때보다 화면 뒤에 숨어 있을 때 공감 능력이 일반적으로 더 약해지기 때문입니다.

그 밖에 또 다른 점은 바로 피해 학생의 고통을 지켜보는 잠재적인 구경꾼의 수입니다. 괴롭힘이 인터넷상에서 빠르게

퍼져나가다 보면 자칫 피해 학생의 신분이나 괴롭힘 사실이 무수히 많은 인터넷 사용자들에게 노출될 수 있습니다. 그렇게 되면 피해 학생은 더욱 큰 수치심을 느낍니다. 온라인을 이용한 이런 특수한 형식의 괴롭힘은 몇 년 동안 디지털 기록을 남기다 보니, 당연히 지우기가 훨씬 어렵습니다.

마지막으로 다른 점은 바로 인터넷이 어떤 부모들에게는 그 순간에 더욱 큰 걱정을 불러일으킨다는 사실입니다. 그리고 온라인을 통해서 괴롭힘이 일어나면 부모들은 훨씬 더 무력감을 느낍니다. 관계 차원에서도 그렇고, 어떤 면에서 보면 기술적인 차원에서도 그렇습니다. 따라서 오프라인에서 일어나는 상황에 비해 훨씬 더 강력하게 개입하려는 마음이 들 수 있고, 그러면 상황을 더욱 악화시킬 수 있습니다.

그리고 아이들을 보호하겠다는 생각으로 아이들이 인터넷에 접속하는 것을 막을 수도 있습니다. 그렇게 되면 아이들은 자신이 피해자로서 겪고 있는 상황을 숨길 것입니다. 온라인으로 피해를 당하는 아이들은 정보에서 완전히 배제되는 것보다는 어떤 일이 벌어지고 있는지, 누가 자신에 관해 얘기하는지 자주 확인하는 편이 더 낫다고 여기기 때문입니다. 피해 학생들의 관점에서는 모르는 것이 훨씬 더 괴로운 경우가 많습니다. 더군다나 어떤 어른들은 인터넷이 없으면 괴롭힘도 없다고 믿는 경향이 있습니다.

저는 이것이 분석상의 오류라고 생각합니다. 파리와 여러 지역에서 우리가 만났던, 온라인을 '통해' 괴롭힘을 당한 모든 중학생과 고등학생들 가운데 오로지 온라인을 통해서만 괴롭힘이나 따돌림을 당한 학생은 단 한 명도 없었습니다. 스냅챗, 페이스북, 트위터, 문자 메시지는 '전 세계적인 장치(특히 문자 메시지가 그렇습니다)'이긴 하지만 '현실'에서 맺는 관계 그 자체에 문제가 있는 것입니다. 달리 표현하면 우리가 소셜 네트워크를 끊기로 했다고 하더라도, 괴롭힘은 학교에서 계속 이어질 것입니다.

따라서 바로 이 구조에도 마찬가지로 관계에 대해 다른 방식으로 대응해야 합니다. 한 가지 좋은 소식은 인터넷상에서 괴롭힘이 더 교묘하다고 하더라도, 이를 막을 수 있는 전략적인 대응은 똑같다는 것입니다.

온라인상의 괴롭힘은
어떤 형태로 나타나나요?

다음은 학교에서 가장 자주 일어나는 온라인상의 괴롭힘 유형을 분류해서 정리한 e앙팡스e-enfance 협회*에서 가져온 목록입니다.

- 플러드flood 또는 플러딩flooding: 불필요하거나 때에 따라서는 아무 의미 없는 메시지, 댓글, 포스팅이 한 사람이나 한 집단의 수신함이나 피드를 가득 채우도록 만드는 행동입니다. 해당 개인이나 집단이 연락을 주고받는 일을 어렵게 만들고, 심지어는 수신함을 포화 상태로 만들어서 이들의 의사소통 수단을 무용지물로 만드는 것을 겨냥한 행동입니다.

● e앙팡스는 온라인상에서 확산을 막아 온라인상 괴롭힘을 멈출 수 있도록 청소년들을 도와주는 훌륭한 단체다(http://www.e-enfance.org/).

- 독싱doxxing 또는 도싱doxing: 한 사람에 관한 개인정보(일화, 사진, 동영상, 디지털 정체성)를 모아서 해당 개인에게 해를 끼치려는 목적으로 수많은 사람에게 개인정보를 퍼뜨리는 행동입니다. 사생활 침해가 일어날 수도 있습니다. 이와 같은 개인정보를 얻는 출처는 다양합니다. 훔친 정보일 수도 있고, 사적인 대화에서 얻어낸 정보일 수도 있고, 목격자에게서 나온 정보일 수도 있고(때로 꼬드김에 넘어가서 알려주기도 합니다), 소셜 네트워크에서 모은 것일 수도 있습니다(공개된 내용이나 사적인 내용).

- 해피 슬래핑happy slapping 또는 동영상 린치, 동영상 공격: 개인을 신체적으로 공격하는 모습을 휴대폰으로 촬영하는 행동입니다. 성폭력을 비롯해 단순하게 괴롭히는 행동부터 심각한 폭력에 이르기까지, 다양한 강도를 지닌 행동에 적용할 수 있는 용어입니다.

- 혹스hoax: 인터넷을 떠도는 헛소문이나 근거 없는 루머입니다. 특히 소셜 네트워크나 이메일을 통해서 이뤄집니다. 소문의 대상인 개인이나 집단을 불안하게 만들거나, 당사자가 실수를 저지르도록 유도하거나, 때에 따라서는 이런 소문을 알고 있거나 믿는 사람들을 두려워하게 만드는 것을 목적으로 삼습니다.

- 불법 촬영물: 이별 이후에 보복을 목적으로 친밀하거나 성적

인 모습이 담긴 사진이나 동영상을 유포해서 과거 연인의 평판을 해치는 방법입니다. 사진이나 동영상을 인터넷, 주로 이와 같은 목적으로 운영되는 사이트에 올리거나 메신저 또는 휴대폰을 이용해서 전송합니다.

• 슬럿 셰이밍slut shaming: 여자아이나 여성을 향한 개인 또는 집단의 공격적인 태도 전반을 총칭하는 표현입니다. 슬럿 셰이밍은 여성들에게 낙인을 찍거나, 죄책감을 부여하거나, 도발적 또는 지나치게 성적이라고 평가되거나 그렇다고 얘기되는 신체적인 특징이나 행동을 비방하는 행동입니다. 모욕이나 괴롭힘과 비슷할 수도 있습니다.

청소년들이 가장 일반적으로 사용하는 소셜 네트워크는 스냅챗, 트위터, 페이스북, 문자 메시지입니다.

문자 메시지로 벌어지는 괴롭힘에
어떻게 맞설 수 있을까요?

도리앙은 열일곱 살입니다. 학기 초에 많은 아이의 표를 얻어 반장으로 당선되었고, 최선을 다해 임무를 수행하고 있습니다. 반에서 일어나는 여러 사건을 해결할 때 도리앙에게 가장 중요한 것은 바로 공정함과 정직함입니다.

어느 날 같은 반 학생인 뤼카스와 생물 선생님 사이에서 갈등이 터져 나왔을 때 모두 조금은 겁에 질렸습니다. 선생님은 뤼카스에게 생활기록부를 가져오라고 했습니다. 입을 다물라고 얘기한 게 벌써 두 번째였기 때문입니다. 뤼카스는 생활기록부가 없다고 답했습니다. 선생님은 자기를 바보처럼 여기는 짓은 그만하라며 고함을 질렀습니다.

그러자 뤼카스는 자리에서 일어나 지금 자신을 거짓말쟁이로 취급한 것이냐고 물었습니다. 그러면서 만약 자기 말이 사실이라면 선생님을 가만두지 않겠다고 했습니다. 뤼카스는 오묘한 미소를 지으며 선생님에게 다가갔고, 선생님은 딱 보기에도 두려운 표정으로 아무 말 없이 서 있었습니다. 도리앙은 그 두려움을 아주 잘 이해했습니다. 그리고 서둘러서 교실을 떠났습니다. 심지어 그날 저녁에는 의사가 병가를 권했습니다.

며칠 뒤 징계위원회가 꾸려졌습니다. 학생 대표들도 징계위원회에 호출되었습니다. 사람들이 의견을 묻자, 대리인으로 참석한 포스틴은 뤼카스가 가족 문제가 있고 감정을 다스리는 것을 어려워하니 한 번 더 기회를 주는 것이 합당하다고 얘기했습니다. 도리앙은 할 말이 없다고 했습니다. 뤼카스에게 해를 끼치고 싶지는 않지만 옹호할 수도 없다고 느꼈는데, 그의 행동이 폭력적이라고 생각했기 때문입니다. 도리앙이 보기에는 아무 말도 하지 않는 것이 가장 합당하고 정직한 태도 같았습니다.

뤼카스는 정학을 당했고, 학교에서 자원봉사를 하게 되었습니다. 며칠 동안 녹지를 관리하는 일이었습니다. 뤼카스가 정학을 당하고 얼마 안 되어 도리앙은 모르는 번호로 문자를 받았습니다. '빌어먹을 반장. 고자질쟁이. 넌 죽었어.' 도리앙은 지나갈 일이라고 생각했고 뤼카스가 짜증을 낼 만도 하다고 생각하면서 문자에 답장하지 않았습니다. 몇 시간 뒤, 새로운 문자 메시지들이 물밀 듯 쏟아지기 시작했습니다. 아무리 못해도 서로 다른 번호 10여 개에서 보낸 것들이었습니다.

그 뒤로 며칠 동안 강도와 폭력성이 더 심해졌습니다. 도리 앙을 나치 동조자라고 했다가, 그다음에는 나치라고 했다가, 심지어 이런 문자 메시지도 왔습니다. '네가 여기에 없었으면 좋겠어.' 반에서는 더 이상 아무도 도리앙에게 말을 걸지 않았 습니다. 순식간에 학생 전체가 자신을 혐오스럽게 바라본다 는 끔찍한 기분에 휩싸였습니다. 도리앙이 뤼카스를 마주칠 때면 뤼카스는 엄지손가락으로 도리앙의 목을 조르는 시늉을 했습니다.

도리앙은 반장 자리에서 물러나기로 했습니다. 그렇게 결 정을 내리니 마음이 무척 아프지만 말입니다. 교장 선생님이 이유를 묻자, 도리앙은 자기가 바라는 만큼 열심히 하기에는 해야 할 일이 너무 많다고 말했습니다. 그다지 믿음직한 얘기 는 아니었지요. 도리앙의 성적은 곤두박질하기 시작했고, 교 장 선생님은 미심쩍어하는 눈치였습니다.

도리앙의 휴대폰 화면에는 성가실 정도로 자꾸만 나치 문 장이 떴습니다. 도리앙은 아침마다 구역질이 나기 시작했습 니다. 어느 날은 복도에서 기절했고 결국은 자살 시도를 하기 에 이르렀습니다. 한 번, 두 번 그리고 10여 번. 뤼카스와 그 무리들은 도리앙을 마주치면 이렇게 속삭였습니다. "죽어."

도리앙은 우리를 찾아와 그날 아침에 마지막으로 받은 문자를 보여주었습니다. '너, 어떻게 죽을 생각이야?' 사무실 소파에 웅크리고 앉은 도리앙은 모든 기력이 사라진 것 같았습니다.

"어떻게 해야 할지 모르겠어요. 제가 아무것도 하지 않으면 애들은 계속 이럴 거예요. 그리고 제가 뭐라도 행동을 하면 분명 더 나빠질 거라는 걸 잘 알아요."

"도리앙, 정말로 부당한 일이구나. 마치 네가 믿는 모든 것이 폭력적으로 우롱을 당한 것 같아. 게다가 이제는 그 애들이 네게 자살을 하라고 끔찍한 메시지를 보내면서 겁을 주고 있으니 말이야. 그 애들을 제대로 함정에 빠뜨려야겠다. 지금으로서는 네가 아무런 답도 하지 않는 것이 나도 옳다고 생각해. 그렇지만 시간이 흐를수록 그리고 의도치 않게 네가 계속 위축될수록 너는 네가 그 학생들 때문에 얼마나 고통받고 있는지를 보여주게 될 거야. 마치 네가 소리 없이 몸부림치는 것 같은 상황이지. 분명히 얘기하면 그건 야만인들이 정말 좋아하는 상황이거든. 그래서 네가 보기에는 정말로 이상해 보이는 방법 몇 가지를 내가 알려줄 거야(그렇지만 이 끔찍한 상황에 맞설 방법이지). 그리고 이 방법을 쓰면 네가 더 이상 몸부림치고 있지 않다고 생각하게 만들 수 있을 거야. 네가 그 학생들이랑 같이 농담을 따먹는다고 생각하게 말이야. 그 학생들은 네게 아무런 영향도 끼치지 못하기 때문이지. 물론 사실과는 다르지만, 우리는 그 아이들이 그렇게 믿도록 만들어야 해. 자, 이제 마지막에 온 문자에 답장을 보내기를 권할게. 그런 다음 어떤 일이 벌어지는지 보면서 우리가 같이 답장을 해줄 거야." 그리고 이렇게 답장을 보냈습니다.

'좀 망설여지는데. 그러니까 설문조사를 한번 해볼게. A) 밧줄, B) 기차, C) 손Saône 강*. 너네가 골라. 기다리는 동안 작별 편지를 쓰려는데, 뤼카스 뒤랑이라는 이름 맨 끝에 'd'가 붙던가?'

1분 뒤, 새로운 문자가 도착했습니다.

'너 그렇게 하면 죽어.'

우리는 이렇게 문자를 보냈습니다.

'너무 늦었어.'

도리앙은 한 시간 만에 처음으로 미소를 지었습니다.

● 동부 프랑스에 있는 강이다(옮긴이).

스냅챗에서 일어나는 괴롭힘에
어떻게 맞설 수 있을까요?

멜로디와 야스민은 몇 년 동안 가장 절친한 친구로 지냈습니다. 그러다 남자아이 문제로 격하게 말다툼을 벌였습니다. 멜로디의 얘기대로라면 끝장이 날 수준으로 말입니다. 서로 문자 메시지로 욕설을 주고받은 다음, 각자 제 갈 길을 갔습니다. 그리고 이렇게 절교한 뒤로 둘은 몇 달 동안 연락이 끊겼습니다.

딱하게도, 멜로디는 야스민과 함께 어울려 지내는 동안 내밀한 비밀을 나누고 지냈는데, 그런 비밀을 이제는 더 이상 믿을 수 없게 된 사람에게 털어놓았던 것이 후회스러웠습니다. 야스민이 들려준 비밀은 별로 진실하지 않았던지라, 맞대응할 무기로 삼기에는 어려웠습니다. 그러다 멜로디는 한 남자아이를 만나게 되었고, 이 사람이야말로 자기가 찾던 사람이라고 느꼈습니다. 그래서 자신의 페이스북 타임라인을 그 남자아이와 찍은 사진으로 가득 채우고, 이 커다란 행복을 공유하고자 모든 친구에게 하루에도 수많은 '스냅'*을 보냈습니다.

멜로디는 한편으로는 과거의 절친한 친구가 짜증이 나게 하고 싶었다는 얘기도 우리에게 숨김없이 들려주었습니다. 주변에서 들려오는 얘기를 통해서 야스민이 지금 슬프게도 연인이 없다는 사실을 알고 있기 때문입니다. 언뜻 보기에는 성공을 거둔 듯했습니다.

그러다 야스민의 '스토리'**를 봤는데, 야스민은 멜로디의 예전 연인 중 한 명의 사진을 올리며 이렇게 적었습니다. '창녀 같은 멜로디가 이 남친 애 낙태했었다는 거, 새로운 남자한테 말했나?' 멜로디는 질겁했고, 야스민의 스냅챗을 확인한 연인 가뱅은 조금 충격을 받았습니다. 멜로디는 절교한 친구가 질투해서 그런 것뿐이라고 말했고, 다행히도 주변 친구들이 멜로디의 말이 사실이라고 확인해주었습니다.

이튿날 훨씬 더 끔찍한 '스토리'가 퍼졌습니다. 이번에는 멜로디가 중학교 시절에 한 친구의 남자 친구와 아주 잠깐 사귀었던 일에 관한 내용이었습니다. 스토리에는 문제의 남자아

● 　몇 초가 지나면 곧바로 사라지는 사진(그렇지만 화면을 캡처해서 이미지를 영구적으로 보관할 수 있다).

● ● 스냅챗에 업로드하는 사진 또는 동영상으로, 24시간 동안만 볼 수 있다.

이 사진과 함께 다음과 같은 글이 달려 있었습니다. '창녀 같은 멜로디가 자기 친구들 남자 따먹고 다니는 거 좋아했다는 얘기도 새로운 남자한테 말했나?'

지금은 멜로디가 부끄럽게 여기는 이 사건을 알고 있는 사람은 세 명뿐이었습니다. 멜로디는 이 역시도 야스민이 질투심 때문에 거짓말을 한 것이라고 모든 사람을 설득하기 위해 온갖 수를 다 동원해야만 했습니다. 특히 가뱅이 이 소문을 탐탁잖게 여길 것 같다는 생각이 들었습니다. 자신의 평판을 가뱅이 신경 쓰지 않도록 하려면 어떻게 해야 좋을지 모르겠고, 가뱅과 거리가 멀어질 것 같았습니다.

이튿날 또 새로운 '스토리'가 올라왔습니다. 이번에는 완전히 날조된 내용으로, 상체를 벗은 뚱뚱한 남자 사진과 함께 멜로디가 뚱뚱한 사람을 더 좋아한다는 내용을 담고 있었습니다. 이에 멜로디는 정말로 낙담했습니다. 학교에 안 나가고 싶고, 모든 소셜 네트워크를 끊고, 가뱅과 헤어지고, 아주 먼 곳으로 떠나고 싶다는 생각이 들었습니다. 그러다 일주일 동안 '스토리'가 멈추었습니다. 멜로디는 한숨을 돌렸습니다. 딱히 대응하지 않았던 것이 잘한 일이라고 생각했습니다. 결국 야스민이 단념했으니 말입니다.

다시 가뱅은 멜로디와 가까워졌고, 모든 것이 예전처럼 돌아갔습니다. 그런데 8일째 되는 날, (정말로) 모욕적인 '스토리'가 새로 날아왔습니다. 너무나 절박한 상황이었고, 우리는 근심 때문에 아무것도 못 하고 있던 멜로디를 만나게 되었습니다.

"이렇게 생각했어요. 제가 꿈쩍하지 않고 있으면 아무런 효과가 없을 거라고, 야스민이 나가떨어질 거라고 말이죠. 그렇지만 어리석은 생각이었어요. 야스민이 그렇게 스토리를 올린 뒤로 제가 꼴이 말이 아니라는 걸 모두가 알고 있어요. 그러니까 야스민도 그 소식을 들었겠죠. 아마 그 소식에 신이 났을 거예요. 어떻게 해야 할지 모르겠어요."

"조금 생각을 해보자. 가장 좋은 방법은 똑같은 매체를 써서 야스민이 하는 일들을 모두 웃음거리로 만들어버리는 것이 아닐까?"

"네. 그렇지만 어떻게요?"

"음, 야스민에 관한 '스토리'를 올리는 거야. 바보처럼 웃고 있는 사진이면 더 좋겠지. 거기에 이렇게 글을 다는 거야. '내 팬 1호를 소개할게. 내 '인생'에 관한 정보가 필요하다면 얘한테 연락해봐. 얘는 내 얘기 하고 다니는 걸 정말 좋아하거든.'"

"아, 올릴 만한 사진이 엄청 많네요."

멜로디가 미소를 지었습니다.

페이스북에서 일어나는 괴롭힘을
어떻게 멈출 수 있을까요?

로린은 몸집이 큰 편입니다. 로린의 가족들도 모두 어느 정도는 그렇습니다. 가족들에게는 이런 점이 전혀 문제가 되지 않았습니다. 그렇지만 고등학교에서는 얘기가 달랐지요. 2학년에 접어든 올해부터 로린은 암퇘지, 뚱녀, 통뼈 취급을 받았습니다. 로린은 그런 욕설을 무시했습니다. 그렇게 '바보 같은 괴롭힘'은 가만히 내버려두면 멈추기 마련이라고 언니가 조언해준 대로 말입니다. 그렇지만 욕설은 점점 심각해지고 거칠어졌습니다.

한번은 체육 시간에 로린의 사진이 찍혔습니다. 티셔츠를 벗는 도중에 사진이 찍혔던 것이었습니다. 로린의 군살이 훤히 보이는 모습을 확대한 사진이 페이스북에 떠돌아다니기 시작했습니다. 그리고 '암퇘지 로린이랑 잘 만한 사람이 있을까?'라는 익명의 페이지에 끔찍한 댓글들이 물밀 듯이 순식간에 쏟아졌습니다.

로린은 완전히 무너져 내렸습니다. 처음에는 아무에게도 이 얘기를 하지 못했습니다. 소셜 네트워크에서 반응하지도 못했고, 상황을 악화시킬까 봐 너무 두렵고 외로운 기분이 들었습니다. 페이지에는 계속 게시물이 늘어났고, 하루하루 시간이 흐를수록 불쾌하게 편집된 사진들이 올라왔습니다. 온갖 자세로 로린을 노출시키고, 도저히 봐줄 수가 없는 사진들이었습니다.

그렇지만 로린은 한 시간마다 페이스북에 들어가는 것을 멈출 수가 없었습니다. 이런 혐오의 물결이 잦아들지는 않을까 기대하면서 말입니다. 그렇지만 댓글을 다는 사람 때문에 계속 다시 활성화되었습니다. 그렇게 댓글을 다는 사람은 로린이 아는 사람일 때도 있었고, 한 번도 들어본 적 없는 사람일 때도 있었습니다.

어느 날, 한 무리의 여자아이들이 버스 안에서 로린에게 욕설을 퍼붓고 뺨을 때렸습니다. 이 모습을 찍은 동영상이 페이스북 페이지에 게시되었습니다. '좋아요'를 500개 받았고, 300번 공유가 되었습니다. 이런 일을 더 이상 겪지 않도록 죽고 싶다는 생각이 들었습니다. 이런 상황을 알게 된 것은 로린의 언니였습니다. 평소 같았으면 유쾌하고 다정한 동생 로린이 쌀쌀맞게 굴고 자주 화를 냈기 때문입니다. 게다가 로린은 하루에도 여러 번 구토했습니다. 로린은 부모님께는 아무것도 말하지 않는다는 약속을 받아낸 다음 언니에게 얘기했습니다.

"그러면 부모님이 너무 고통스러울 거야. 거기다가 내가 뚱뚱한 건 사실이잖아. 내가 먹는 걸 줄이는 수밖에 없어. 내 잘못이니까. 부모님이 죄책감을 느끼지 않았으면 좋겠고, 부모님이 나한테 고소를 하라거나 무얼 하라고 시키지 않았으면 좋겠어. 그러면 분명 최악의 상황이 벌어질 테니까."

우리가 두 자매와 함께 상담해보니, 로린의 언니는 완전히 무기력한 기분에 빠져 있었습니다. 언니는 동생의 신뢰를 배신하고 싶지도 않지만, 어떻게 도와주어야 할지도 모르겠다고 했습니다.

"이건 당장 멈춰야 해요. 참을 수 없어요. 그렇지만 페이스북 페이지를 만든 게 누구인지 모르겠어요. 그리고 댓글은 대부분 가명으로 써둔 것이고요. 하다못해 이런 페이지를 어떻게 하면 닫게 만들 수 있는지도 모르겠어요. 게다가 페이지를 닫더라도 다른 식으로 이어질 거라는 생각이 들어요. 그만큼 혐오가 가득하고 또 창의적이니까요. 정말로 인터넷은 공포 그 자체예요. '웹'이라는 말의 진정한 의미가 무엇인지 깨달은 건 이번이 처음이에요. 압박감이 정말 커요."

"맞는 말이야. 그렇지만 엄청난 장점은 바로 우리도 그런 점을 이용해서 상황을 역전시킬 수 있다는 사실이지. 물론 로린이 동의한다면 말이야."

로린은 회의적인 기색으로 힘없이 동의했습니다. 더 이상 우리와 같이 있고 싶지 않은 듯한 표정으로 말입니다.

"로린, 네가 보기에 말이야. 돼지 사진을, 그것도 최대한 못생긴 녀석들로 100개쯤 모아서 오로지 우리만을 목 빠지게 기다리고 있는 그 페이지에 쉬지 않고 몇 초에 한 장씩 업로드하면 어떨 것 같니? 댓글을 다는 사람들한테는 남자아이건 여자아이건 간에 상관없이 '#나는너랑자고싶어'라는 태그를 달면서 말이야."

그러자 로린이 말했습니다.

"우아아아아아! 세상에서 제일 못생긴 돼지 사진은 어디서 찾을 수 있을까요?"

주

1 http://www.nonauharcelement.education.gouv.fr/ressources/le harcelement-cest-quoi.

2 8쪽 각주 1번을 보라.

3 에마뉘엘 피케, 《가만두지 마! 학교에서 괴롭힘을 당하는 우리 아이 도 와주기(Te laisse pas faire! Aider son enfant face au harcèlement à l'école, Paris)》, 파리, 빠이요(Payot), 2014.

4 21쪽 '학교 내 괴롭힘의 일반적인 정의는 무엇인가요?'를 확인하라.

5 24쪽 '학교 내 괴롭힘을 정의하는 다른 방식도 있을까요?'를 확인하라.

6 엘렌 로마노, 《학교 내 괴롭힘. 피해자와 당사자, 무엇을 할 것인가? (Harcèlement en milieu scolaire. Victimes, auteurs, que faire?)》, 파리, 뒤노(Dunod), 2015.

7 24쪽 '학교 내 괴롭힘을 정의하는 다른 방식도 있을까요?'를 확인하라.

8 이브 로베르 감독, 루이 페르고 원작, 1962.

9 교육부(MEN-MESR Depp), 〈2011, 2013년 전국 학교 피해 조사(Enquête nationale de victimation en milieu scolaire, 2011 et 2013)〉.

10 42쪽 '학교 폭력과 관련된 통계 수치는 어떤가요?'를 확인하라.

11 21쪽 '학교 내 괴롭힘의 일반적인 정의는 무엇인가요?'를 확인하라.

12 2012년 1월에 실시한 괴롭힘 반대 캠페인 관련 영상 세 편을 확인하라. https://www.google.it/webhp?sourceid=chromeinstant&ion=1&

espv=2&ie=UTF-8#q=les+claques.

13 2013년에 나온 영상 두 편을 확인하라. http://www.dailymotion.com/video/x17p1ow_film-le-gymnase-chimene-badi-contre-le-harcelementa-l-ecole_webcam.

14 에마뉘엘 페냐르, 엘레나 루시에-퓌스코, 아녜스 반 잔텐, 〈영국 학교 내 폭력: 사회학적 접근(La violence dans les etablissements scolaires britanniques : approches sociologiques)〉, 《프랑스 교육학 저널(Revue francaise de pedagogie)》, CXXⅢ권, 1호, 1998, pp. 123-151.

15 〈청소년기 자살 행동(Les conduites suicidaires à l'adolescence)〉, 의료학회(l'Académie de médecine) 발표, 2012년 2월 14일, 파리.

16 세르주 티세롱, 〈학교 내 폭력과 괴롭힘 예방하기. 세 인물 놀이(Prévenir la violence et le harcèlement scolaire. Le jeu des trois figures)〉, 《심리학 저널(Le Journal des psychologues)》, 2012, 299권, pp. 28-32.

17 www.nonauharcelement.education.gouv.

18 에릭 드바르비유, 《학교 폭력에 맞서는 십계명(Les Dix Commandements contre la violence à l'école)》, 파리, 오딜 쟈코(Odile Jacob), 2008; 장-피에르 벨롱, 베르나르 가데트, 《학교에서 일어나는 괴롭힘 예방하기(Prévenir le harcèlement à l'école)》, 파리, 파베르(Fabert), 2012.

19 에릭 드바르비유, 위의 책, pp. 97-153.

20 장-피에르 벨롱, 베르나르 가데트, 위의 책, pp. 172-173.

21 니콜 카트린느, 《학교 내 괴롭힘(Le Harcèlement scolaire)》, 파리, PUF, 2014.

22 단 올베우스, 《학교에서 일어나는 공격. 괴롭히는 아이들과 때리는 남자 아이들(Aggression in the Schools. Bullies and Whipping Boys)》, 뉴욕, 헴스피어 퍼블리싱 코퍼레이션(Hemisphere Publishing Corporation), 1978.

23 장-피에르 벨롱, 베르나르 가데트, 위의 책.

24 발레리 베사그, 《학교 내 괴롭힘과 피해자. 이해와 관리 가이드(Bullies and Victims in Schools. A Guide to Understanding and Management)》, 밀턴 케인스(Milton Keynes), 오픈 유니버시티 프레스(Open University Press), 1989.

25 M. 볼턴, 〈중학생 간에 공격적인 싸움을 유발하는 근접 원인(Proximate Causes of Aggressive Fighting in Middle School Children)〉, 《영국 교육심리학 저널(British Journal of Educational Psychology)》, LXIII권, 2호, 1993, pp. 231-244.

26 장-피에르 벨롱, 베르나르 가데트, 위의 책.

27 74쪽 '가해자의 전형적인 유형이 있나요?'를 확인하라.

28 니콜 카트린느, 위의 책.

29 89쪽 '가해자가 가장 많이 노리는 피해자의 특징은 무엇인가요?'를 확인하라.

30 239쪽 '반 친구들의 악의적인 따돌림에 어떻게 맞설 수 있을까요?'를 확인하라.

31 단 올베우스, 〈학교 내 괴롭힘 또는 또래 간 학대. 현황과 개입(Bullying or Peer Abuse at School. Facts and Intervention)〉, 《현대 심리학의 흐름(Current Directions in Psychological Science)》, IV권, 6호, 1995, pp. 196-200.

32 단 올베우스, 《학교 내 괴롭힘. 우리가 아는 것, 우리가 할 수 있는 것(Bullying at School. What we Know and What we Can Do)》, 옥스퍼드, 블랙웰(Blackwell), 1993.

33 29쪽 '아이가 혼자 다니는 경우도 괴롭힘이라고 할 수 있을까요?'를 확인하라.

34 63쪽 '교육부에서는 어떤 대책을 내놓고 있나요?'를 참고하라.

35 뉴턴 스쿨, 2007년 4월; 콜럼바인, 1999년 4월; 레드 레이크, 2005년 3월.

36 단 올베우스, 위의 논문.

37 71쪽 '괴롭힘은 어떻게 시작되나요?'와 74쪽 '가해자의 전형적인 유형이

있나요?'를 확인하라.

38 류 타키자와(Ryu Takizawa), 바버라 모핸(Barbara Maughan), 루이즈 아르즈노(Louise Arseneault), 〈유년기 괴롭힘 피해자 성인기 건강에 끼치는 영향. 영국 출생 코호트를 대상으로 한 50년간의 종적 근거를 바탕으로(Adult Health Outcomes of Childhood Bullying Victimization. Evidence from a Five-Decade Longitudinal British Birth Cohort)〉, 《미국 정신의학 저널(The American Journal of Psychiatry)》, CLXXI권, 7호, 2014, p. 777-784. 연구자들은 1958년 기준으로 7~11세 사이의 아동 7,771명을 50세가 될 때까지 추적 조사했다.

39 A. 슈레이어(A. Schreier), D. 볼케(D. Wolke), K. 토머스(K. Thomas) 외, 니콜 카트린느의 《학교 내 괴롭힘》에서 인용했다.

40 《공격, 갈등, 평화 연구 저널(Journal of Aggression, Conflict and Peace Research)》, III권.

41 60쪽 '프랑스에는 어떤 예방책이 있나요?'를 확인하라.

42 Non Au Harcèlement: http://cache.media.education.gouv.fr/file/harcelement/91/7/Campagne_Non-au-harcelement-protocole-detraitement_2nd_degre_7299/7.pdf, 7쪽.

43 163쪽 '피해 학생이 전형적으로 보이는 반응이 있나요?'를 확인하라.

44 303쪽 '반 아이들이 교사를 괴롭힐 수도 있나요?'를 확인하라.

참고 문헌

교육부,《2011, 2013년 전국 학교 피해 조사》.

그레고리 베이트슨,《마음의 생태학》, 박대식 옮김(책세상, 2006).

니콜 카트린느,《학교 내 괴롭힘》(파리, PUF, 2014).

단 올베우스,〈학교 내 괴롭힘 또는 또래 간 학대. 현황과 개입〉, 미국심리학
　　회, 1989.

──,《학교 내 괴롭힘. 우리가 아는 것, 우리가 할 수 있는 것》(옥스퍼드, 블
　　랙웰, 1993).

──,《학교에서 일어나는 공격》(뉴욕, 헴스피어 퍼블리싱 코퍼레이션,
　　1978).

류 타키자와, 바버라 모핸, 루이즈 아르즈노,〈유년기 괴롭힘 피해자 성인기
　　건강에 끼치는 영향. 영국 출생 코호트를 대상으로 한 50년간의 종적 근
　　거를 바탕으로〉,《미국 정신의학 저널》(CLXXI권, 7호, 2014), pp. 777-
　　784.

마이클 J. 볼턴,〈중학생 간에 공격적인 싸움을 유발하는 근접 원인〉,《영국
　　교육심리학 저널》(63권, 1993), pp. 231-244.

발레리 베사그,《학교 내 괴롭힘과 피해자. 이해와 관리 가이드》, 밀턴 케인
　　스(오픈 유니버시티 프레스, 1989).

세르주 티세롱,〈학교 내 폭력과 괴롭힘 예방하기. 세 인물 놀이〉,《심리학
　　저널》(299권, 2012), pp. 28-32.

에릭 드바르비유, 《학교 폭력에 맞서는 십계명》(파리, 오딜 쟈코, 2008).

에마뉘엘 페냐르, 엘레나 루시에-퓌스코, 아녜스 반 잔텐, 〈영국 학교 내 폭력〉, 교육사회학연구소, CNRS, Paris-5, 1998.

에마뉘엘 피케, 《가만두지 마! 학교에서 괴롭힘을 당하는 우리 아이 도와주기》(파리, 빠이요, 2014).

―――, 《괴롭힘에 맞서 자신을 방어하는 법》(파리, 알뱅 미셸, 2016).

엘렌 로마노, 《학교 내 괴롭힘. 피해자와 당사자, 무엇을 할 것인가?》(파리, 뒤노, 2015).

유니세프, 〈프랑스 청소년의 큰 불안〉, 2014.

장-피에르 벨롱, 베르나르 가데트, 《학교에서 일어나는 괴롭힘 예방하기》(파리, 파베르, 2012).

HBSC, 〈불평등한 성장. 청소년의 건강과 안녕을 통해 살펴본 젠더 차이와 사회경제적 차이(Growing Up Unequal. Gender and Socioeconomic Differences in Young People's Health and Well-Being)〉, 2부, 핵심 자료, 챕터 1, 2013-2014.

학교 폭력에 관한 모든 질문

초판 1쇄 발행 2024년 5월 3일
지은이 | 에마뉘엘 피케
옮긴이 | 장한라
펴낸곳 | (주)태학사
등록 | 제406-2020-000008호
주소 | 경기도 파주시 광인사길 217
전화 | 031-955-7580
전송 | 031-955-0910
전자우편 | thspub@daum.net
홈페이지 | www.thaehaksa.com

편집 | 조윤형 여미숙 김태훈
마케팅 | 김일신
경영지원 | 김영지

ⓒ 에마뉘엘 피케 2024. Printed in Korea.

값 18,500원
ISBN 979-11-6810-255-2 43300

"주니어태학"은 (주)태학사의 청소년 전문 브랜드입니다.

책임편집 김순영
디자인 이유나